Hans-Arved Willberg
Frei von Sorge füreinander sorgen

AF289103

Hans-Arved Willberg

Frei von Sorge
füreinander sorgen

Christian Care
im Neuen Testament

Verlag: BoD · Books on Demand GmbH, Überseering 33,
22297 Hamburg, bod@bod.de
Druck: Libri Plureos GmbH, Friedensallee 273, 22763 Hamburg

Reihe Glauben leben, Bd. 3

Erweiterte und und gründlich überarbeitete Neuausgabe 2025
der ersten Ausgabe in der Reihe Lebenshilfen aus dem
Institut für Seelsorgeausbildung (ISA), Bd. 3, 2010

Fotos: Pixabay (gemeinfrei)

Bibliografische Information der Deutschen Nationalbibliothek: Die
Deutsche Nationalbibliothek verzeichnet diese Publikation in der
Deutschen Nationalbibliografie; detaillierte bibliografische Daten
sind im Internet über dnb.d-nb.de abrufbar.

ISBN: 978-3-8370-0719-0

Der Autor:

Dr. phil. Hans-Arved Willberg ist Theologe, Philosoph und promovierter So-
zial- und Verhaltenswissenschaftler. Seit vielen Jahren arbeitet er als Prakti-
ker in Seelsorge, psychologischer Beratung, Coaching und Seelsorgeausbildung. Unter anderem er ist Wissenschaftlicher Mitarbeiter am internatio-
nalen Forschungsinstitut für Spiritualität und Gesundheit (FISG) und Partner
von M/TRAINING.

www.life-consult

Inhaltsverzeichnis

Einführung

Ausgangspunkt für dieses Buch sind Wortexegesen. Das heißt: Ich habe festgestellt, welche Wörter für „Sorge" und „Sorgen" im Neuen Testament verwendet werden und wo sie vorkommen. Von dorther erfolgte die Auswahl der Texte; sie habe ich dann ebenfalls genau angeschaut und so wörtlich wie möglich übersetzt. Was jetzt vorliegt, ist ein Gesamtbild des Themas „Sorge und Sorgen" im Neuen Testament. Es ist *ein* Gesamtbild, nicht *das* Gesamtbild. Es ist ein Bild, das sich darauf beschränkt, die Texte zu ergründen und für uns heute zu aktualisieren, in denen diese Wörter enthalten sind. Darüber hinaus gibt es viele weitere Texte in der Bibel, wo das Thema eine genauso wichtige Rolle spielt. Für *das* Gesamtbild schlechthin müssten all diese Texte verwendet werden.

So viel lässt sich allerdings über den Unterschied sagen: Das Gesamtbild schlechthin besteht aus denselben Farbtönen und es stellt auch nichts anderes dar als dieses eingeschränkte Gesamtbild, denn das Thema „Sorge und Sorgen" im Neuen Testament ist sehr homogen. Anders gesagt: Diese Texte, in denen die Wörter „Sorge" und „Sorgen" vorkommen, sind repräsentativ für das gesamte Thema „Sorge und Sorgen" im Neuen Testament. Das Gesamtbild schlechthin , das die Texte einschließt, die von der Sorge und vom Sorgen sprechen, ohne die Wörter zu gebrauchen, wäre nur viel umfangreicher und detaillierter.

Die Krise des Gesundheits- und Sozialwesens, die Abkühlung des sozialen Klimas und die Schwächung des sozialen Zusammenhalts veranlassen viele Menschen, neu darüber nachzudenken, worum es beim Sorgen füreinander eigentlich geht. Man sagt jetzt Care und Caring dazu. Das neue Nachdenken ist notwendig. Auch in den Kirchen macht man sich diese Gedanken, obwohl sie mit Caritas und Diakonie bei den Institutionen der Health Care und der Social Care eine Hauptrolle spielen und nach wie vor mit den verschiedenen Formen der Seelsorge einen wesentlichen Beitrag zur Spiritual Care geben. Aber nicht Einrichtungen erwärmen das soziale Klima, sondern Menschen. Es kommt darauf an, was Menschen in diesen Einrichtungen für andere Menschen tun und wie sie es tun. Begegnen sie den Sorgen der Menschen so, dass eine echte Resonanz der Dankbarkeit entstehen kann, weil sie sich wirklich angenommen, ernstgenommen und verstanden fühlen? Die Resonanz der Dankbarkeit, das ist ist der Geist, durch den sich das soziale Klima erwärmt.

Einige Christen im Gesundheitswesen beschäftigen sich seit ein paar Jahrzehnten mit der Frage, wie sich eine explizit *Christliche Heilkunde* definieren und von nicht-christlicher Heilkunde unterscheiden lässt. Sie sind dazu übergegangen, stattdessen von

Christian Care zu sprechen. Das ist eine deutliche Entgrenzung, spannend, herausfordernd, vor allem aber auch hoffnungsvoll. Das Heilen, Pflegen und Begleiten kranker Menschen kann durch die Begriffserweiterung programmatisch in den angemessenen ganzheitlichen Zusammenhang gestellt werden, den es auch schon im Neuen Testament hat. Care kann nur christlich sein, das zeigen die Texte zum Thema „Sorge und Sorgen", wenn stets der ganze Mensch im Blick ist. Christlich ist das Sorgen für andere, wenn es immer von der Frage ausgeht, was diese Person jetzt gerade *braucht*. Dazu muss man sie ernstnehmen, sich mit ihr verständigen, vorsichtig mit schablonenhafter Sachlichkeit umgehen und gut mit anderen vernetzt sein, die es ihr geben und vermitteln können, wenn man selbst dazu nicht in der Lage ist. Damit ist angedeutet, worauf das Bild des Sorgens im Neuen Testament den Blick vor allem zieht: Das ist nicht die Health Care oder Spiritual Care, sondern das ist *Social Care*. Soziales Sorgen also: Beziehungsstiftend, persönlich zugewandt und verlässlich, zugänglich, freundschaftlich, integrativ, inklusiv.

Soziale Kälte war auch schon zur Zeit des Urchristentums ein sehr schweres gesellschaftliches Problem. Wenn Jesus vom Reich Gottes predige, meinte er das Reich der Barmherzigkeit und Liebe. Daraus entsteht ein Gemeinwesen, in dem sich die Verhältnisse umkehren, die sonst in aller Welt herrschen: Erste werden Letzte sein und Letzte werden Erste sein. Außenseiter, Verachtete, Abgelehnte, Unterdrückte, Ausgestoßene werden Insider, geschätzte Respektpersonen, frei, selbständig, mündig und gerecht behandelt. Dort achtet einer den andern höher als sich selbst.

Davon handelt der zweite Teil des Buchs, in dem es um das Sorgen füreinander geht. Der erste Teil handelt von der Sorge, die wir uns machen, der notvollen Sorge also. Er trägt die Überschrift „Den Sorgengeist besiegen". Hier zeigt sich die Homogenität der Texte besonders eindrücklich. Die Protagonisten des Neuen Testaments, allen voran Jesus, reden übereinstimmend im Klartext darüber: Ihr könnt nicht nach dem Willen Gottes füreinander sorgen, weil ihr euch von der Sorge beherrschen lasst. Was dazu in der Bibel steht, ist zeitlos gültig und für alle nachvollziehbar, die den Mut haben, ehrlich zu sein.

Ist Christian Care ein Etikett und ein mehr oder weniger fromm aussehender Rahmen für eine Kategorie des Sorgens, in der Christen verdichtet vertreten sind oder sogar dominieren? Ja, mehr ist Christian Care nicht, wenn sie nicht von Personen bestimmt und durchdrungen wird, die wenigstens auf dem Weg zur inneren Unabhängigkeit sind. Es sind Menschen, die das Loslassen üben und dadurch gelassen werden. Das befreit sie dazu, von Herzen gern und unbekümmert mit Hingabe für andere da zu sein.

Teil I

Den Sorgengeist besiegen

1. Sorglos frei sein

Matthäus 6,24-34

24 *Niemand kann zwei Herren dienen: Denn er wird entweder den einen hassen und den anderen lieben, oder dem einen anhängen und den andern verachten. Ihr könnt nicht Gott dienen und dem Besitz (Mammon)..*

25 *Darum sage ich euch: Sorgt euch nicht in eurer Seele, was ihr essen oder trinken sollt, auch nicht, was ihr eurem Leib anziehen werdet. Ist nicht die Seele mehr als die Speise und der Leib mehr als die Kleidung?*

26 *Seht die Vögel des Himmels an, wie sie nicht säen und nicht ernten und nicht in ihre Scheunen sammeln, und euer himmlischer Vater nährt sie: Seid ihr nicht mehr wert als sie?*

27 *Wer unter euch kann mit seinen Sorgen seinem Lebensalter eine einzige Elle hinzufügen?*

28 *Und was sorgt ihr euch um die Kleidung? Beobachtet die Lilien des Feldes, wie sie wachsen: sie mühen sich nicht und sie spinnen nicht;*

29 *ich sage euch aber, dass auch Salomon in aller seiner Pracht sich nicht wie eine von diesen bekleidete.*

30 *Wenn aber Gott das Gras des Feldes, das heute da ist und morgen in den Ofen geworfen wird, so bekleidet, wird er er es nicht viel mehr euch tun, Kleingläubige?*

31 *Ihr sollt euch nun nicht sorgen und sagen: Was sollen wir essen; was sollen wir trinken; was sollen wir uns anziehen?*

32 *Denn all dies verlangen die Völker; denn euer himmlischer Vater weiß, dass ihr dies alles braucht.*

33 *Sucht aber zuerst das Reich Gottes und seine Gerechtigkeit, und dies alles wird euch zuteil werden.*

34 *Ihr sollt nun nicht um das Morgen sorgen, denn das Morgen wird für sich selbst sorgen; es genügt, dass der Tag seine Übel hat.*

Ein wesentliches Merkmal von Süchten ist die Unfähigkeit der Betroffenen, sie als solche zu erkennen. Ich bin gefangen, aber ich bilde mir ein, frei zu sein. Das hat zwei Gründe: Erstens habe ich etwas von meiner Sucht. Das Suchtmittel erzeugt, solange es wirkt, eine sehr komfortable Komfortzone, eine Glocke des Wohlbefindens, und das erlebe ich als genaues Gegenteil des Gefangenseins. Daraus folgt der zweite Grund: Ich merke gar nicht, dass ich gefangen bin, weil ich kein Interesse daran habe, die Komfortzone zu verlassen. Darum will ich auch nicht hören, wenn jemand besorgt über meine Verschlossenheit draußen vor der Tür steht und klopft und ruft. Wenn ich die Türklinke betätigen würde, dann müsste ich entdecken, dass ich die Tür nach draußen verschlossen habe. Aber ich will ja gar nicht raus. Ich weiß sehr wohl, dass es diese Tür gibt, doch ich versuche gar nicht erst, sie aufzumachen. Darum antworte ich, wenn von draußen oder in mir selbst Zweifel an meiner Freiheit auftaucht: „Ach was, selbstverständlich ist die Tür immer offen, ich kann jederzeit aufhören mit meiner angeblichen Sucht." So werde ich mir also weiterhin einbilden, dass die Tür nach draußen offen ist, obwohl ich mich selbst eingeschlossen und vielleicht sogar verbarrikadiert habe.

Dieser Teil der Bergpredigt ist überaus provokativ, weil er uns damit konfrontiert, dass Sucht kein Spezialproblem gewisser willensschwacher Leute ist, sondern das gesellschaftliche Grundproblem schlechthin. So ist das überall bei den Völkern, sagt Jesus, anders ausgedrückt: die Seuche ist global und nichts vorübergehend Fremdes wie eine Pandemie. Die Erscheinungsformen der Krankheit sind vielfältig, aber das aggressivste und ansteckendste Virus darunter ist die Selbstsucht. Davon ist die Menschheit derzeit wieder so sehr infiziert, dass wir aufs Neue mit den allerschrecklichsten Folgen rechnen müssen.

Das weltumspannende Suchtmittel ist der Mammon, sagt Jesus. Wir denken dabei an Geld und das ist auch richtig so. Doch das Wort „Mammon" meint nicht nur das Geld, sondern überhaupt den *Besitz*. Jesus behauptet: Alle Welt ist süchtig nach Besitz. Doch das ist noch gar nicht die Speerspitze seiner Provokation. Adressaten der ursprünglichen Bergpredigt sind ja in erster Linie Gläubige und religiös besonders Interessierte. Das waren die Leute, die damals zum See Genezareth kamen, um ihm zu lauschen. Sie wollten wissen, wie man Gott am besten dienen kann. Ihr werdet Gott überhaupt nicht dienen können, antwortete Jesus, solange ihr noch wie alle Welt süchtig nach Besitz seid.

Eingehüllt in unsere Komfortzonen glauben wir nicht, dass uns das persönlich betrifft. Ja, man ist auch nur Mensch und hat seine Schwächen, man süchtelt auch ein bisschen hier und dort. Aber das ist doch nicht so schlimm. Natürlich bin ich jederzeit bereit zur Veränderung, wenn Gott das will. Meine Tür ist ja immer offen. Und ich lebe doch auch fromm und wohltätig genug. Das, was mir fehlt, ergänzt die große Gnade Gottes. Sicher freut sich Gott, wenn ich so denke, denn damit beweise ich, dass ich demütig bin und ihm vertraue.

Wie beim Coronavirus gibt es eine übergreifende Gattung, der die Mammonsüchte angehören. Corona ist eine Unterform der Gattung Covid. Jesus nennt die Gattung der Süchte beim Namen: Es ist die Sorge.

Süchte sind seelische Krankheiten und auch viele andere seelische Krankheiten kommen zu großen Teilen ebenfalls durch Erreger aus der Gattung Sorge zustande. Angst- und Zwangsstörungen nähren sich aus der Sorge, dass etwas katastrophal Schreckliches geschehen wird, und entfalten ein suchtartiges Getriebensein, unter allen Umständen der fantasierten Katastrophe vorzubeugen. Depressionen nähren sich aus der Sorge, dass die Katastrophe schon eingetreten ist: Ich habe alles verloren, es ist zu spät, ich habe am Leben vorbeigelebt und keine Zukunft mehr; alles ist aus. Krankhafte Ängste und Zwänge, Depressionen und Süchte stellen miteinander die allermeisten der außerordentlich vielen psychischen Erkrankungen in der heutigen Gesellschaft dar. Von der Sorge wie besessen zu sein macht die Menschen psychisch krank.

Jesus nennt auch das Heilmittel für alle Krankheiten beim Namen, die aus der Sorge stammen. Es ist ganz einfach und anscheinend doch auch seltsam schwer: Wenn das Kernproblem die Sorge ist, dann wirst du gesund, wenn du dich *nicht* von der Sorge beherrschen lässt. Aber wie schaffe ich das?

Kein Suchtmittel erzeugt aus sich selbst heraus die Sucht. Drogen zum Beispiel, durch die sich der Körper so programmieren lässt, dass er abhängig davon wird, können bei verantwortlicher Anwendung ein medizinischer Segen sein. Geld auf dem Konto zu haben ist für sich genommen so wenig ein Problem wie schöne Kleider zu haben und sich gutes Essen zu gönnen. Aber alles, was ich habe, macht mich krank, wenn es mich *beherrscht*.

Wenn ich dem *diene*, was ich habe, dann vergiftet es mich. Es nimmt mein Herz in Besitz, weil ich mich selbst dafür entscheide. Süchtig zu sein heißt also nicht, dass ich gebunden *werde*, sondern das ich mich selbst binde. Nicht das Suchtmittel hält mich fest, sondern ich halte das Suchtmittel fest. Frei zu werden von der Sorge ist darum immer ein *Loslassen*. Ich gebe frei, was ich an mich gebunden habe. Bei Beziehungssüchten heißt das zum Beispiel: Ich gebe diesen *Menschen* frei. Beziehungssüchte sind wahrscheinlich ein Hauptgrund für sehr viele Konflikte, Störungen und Zerwürfnisse in Partnerschaften und Familien. Ich mag die größte Fürsorglichkeit an den Tag legen, aber eigentlich betrachte ich dich als Besitz. *Du* bist mein Mammon. Eheleute halten ihren Partner oder ihre Partnerin krankhaft eifersüchtig wie in einem goldenen Käfig gefangen und Helikoptereltern sind zwanghaft darauf bedacht, ständig ihre Kinder zu beglücken und zu beglucken. Viele Kinder hocken noch als Erwachsene im elterlichen Nest, weil niemand sich dafür interessierte, dass sie flügge werden. Ihre Komfortzone ist das Hotel Mama.

Frei *werden* von der Sorge heißt frei *geben*. Manchmal muss das ein *Auf*geben sein: Endlich lasse ich meine kranken Forderungen und Erwartungen los.

Die große Mühe, die wir mit dem Loslassen haben, entsteht aus der logischen Konsequenz, danach mit leeren Händen dazustehen. Davor haben wir Angst. Wir haben Angst vor der Armut: vor der finanziellen Armut und vor der Armut, verlassen zu sein und allein zurechtkommen zu müssen, wir haben Angst, keine Anerkennung zu erfahren. Das heißt: Wir haben Angst davor, dass unsere tiefsten Bedürfnisse keine Erfüllung finden. Wenn sich die Tür aus der Komfortzone wirklich öffnen würde und wenn wir wirklich über die Schwelle hinaustreten sollten, was erwartet uns denn dann? Uns graut davor, da draußen ganz einsam und elend zu sein und daran zugrunde zu gehen.

Jesus sagt, dass Gott als unser wahrer Vater unsere Bedürfnisse ganz ernst nimmt: „Euer himmlischer Vater weiß, dass ihr das alles braucht." Eindringlich fordert er uns auf, uns keine Sorgen zu machen, sondern darauf zu vertrauen, dass der Vater für uns sorgt. Aber wenn wir uns in einsame oder gemeinsame Komfortzonen einschließen, dann verschließen wir uns damit auch der tröstlichen Erfahrung, dass der Vater *wirklich* für uns sorgt. Eingesponnen in den Kokon der eigenen Sorge werden wir unempfänglich für sein Sorgen. Um uns über Gottes Fürsorge ehrlich freuen zu können, müssen wir die Komfortzone verlassen.

„Sucht zuerst das Reich Gottes und seine Gerechtigkeit, und dies alles wird euch zuteil werden", sagt Jesus: Dann werdet ihr erleben, dass Gott wirklich eure Bedürfnisse kennt und ernst nimmt und sich um ihre Erfüllung kümmert. Wir müssen nicht lang grübeln, was er eigentlich meint mit „Gottes Reich" und „seiner Gerechtigkeit." Er wird es ein Kapitel später in der Bergpredigt dann auch noch sehr präzise auf den Punkt bringen mit der so genannten Goldenen Regel: „Alles nun, was ihr wollt, dass euch die Leute tun sollen, das tut ihr ihnen auch! Das ist das Gesetz und die Propheten." Anders gesagt: Das ist der ganze Wille Gottes. So wie im Himmel soll er auch auf Erden geschehen. Das ist im Vaterunser gemeint mit „Dein Reich komme". Die Goldene Regel ist das Liebesgebot.

Wenn ich dem Anruf und Anspruch des Liebesgebots folge, dann stehe ich auf, gehe zur Tür, öffne sie und trete über die Schwelle hinaus. Ich bleibe nicht mehr verschlossen in mir selbst, ich komme aus mir heraus. Ich schütze mich nicht mehr vor den andern, damit sie mir nicht wehtun. Ich mache mich verletzlich. Ich lasse los und habe leere Hände. Ich komme mir arm und hilflos vor und bin es auch. Jesus preist die Armen selig.

Die Tür wird sich mir jedoch nur öffnen, wenn ich den Schlüssel finde und gebrauche. Und siehe da: Ich muss gar nicht lang nach dem Schlüssel suchen. Er steckt bereits im Schloss und er lässt sich gar nicht daraus abziehen. Aber das merke ich erst, wenn ich entschlossen aufgestanden bin, um mich aufzuschließen. Auch der Schlüssel hat einen Namen. Er heißt *Verantwortung*.

Meine Verantwortung ist der Schlüssel zur Erfahrung, dass Gott wirklich für mich sorgt. Meine Verantwortung ist die Antwort auf seinen Willen. Ich übernehme Verantwortung dafür, dass sein Reich kommt und dass sein Wille geschieht. Wenn das meine Sorge ist, sagt Jesus, dann wird mir alles zuteil werden, was ich zum Leben brauche. Darum folgt auch im Vaterunser die Bitte „Unser tägliches Brot gibt uns heute" erst nach der Bitte, dass Gottes Reich komme und sein Wille geschehe. Das Vaterunser steht übrigens in der Bergpredigt kurz vor unserem Text über das Sorgen.

Es ist nicht so, dass Gott uns jetzt belohnt, weil wir brav sind, sondern unsere Verantwortungsübernahme lohnt sich. Wenn ich Verantwortung für mich selbst und meine Entscheidungen übernehme, dann versklave ich mich nicht mehr an die Sorge. Ich stelle mich der Erkenntnis, dass es nur an mir liegt, loszulassen und mich aufzuschließen oder nicht. Auf mich kommt es an. Ich kann und soll für mich selbst sorgen, wie auch für die andern. Durch meine Aufgeschlossenheit dafür klärt sich auch mein Blick dafür. Statt zu jammern tue ich etwas dafür, dass es mir besser geht, und darf dadurch erfahren, dass ich bekomme, was ich brauche. Statt anzuklagen und mich selbst zu isolieren kümmere ich mich um andere und darf erfahren, dass mein tiefes Bedürfnis nach Beziehung dadurch Erfüllung findet.

Ist es also gar nicht Gott, der für mich sorgt - muss ich das selber machen? Ja, das hätten wir gern: Dass Gott uns die Komfortzone ersetzt, die wir als brave Gläubige für ihn geopfert haben. Aber so kommen wir nicht heraus aus uns selbst. Das geht nur mit dem Schlüssel der Verantwortung.

Doch, allerdings ist es Gott, der für uns sorgt, denn jede echte Bedürfniserfüllung ist ein *Geschenk*. Daran erinnert Jesus mit den Beispielen aus der Natur. Wie sorgt Gott für die Vögel und für die Lilien auf dem Feld? Indem er ihnen die natürlichen Bedingungen dafür verleiht, dass sie wachsen, aufblühen und sich vermehren können. Übertragen auf uns Menschen bedeutet das: Uns ist versprochen, dass wir unserer Natur gemäß leben können und dafür finden, was wir brauchen. Für Vögel ist etwas anderes naturgemäß wie für Lilien und für uns Menschen wieder etwas anderes: Zu unserer Natur gehört es wesentlich, Verantwortung zu übernehmen. Unser Leben gelingt, wenn wir einüben, im Sinne der Goldenen Regel verantwortliche Entscheidungen zu treffen.

Zentrale Aussage in Kapitel 11 des Lukasevangeliums über das Beten, das auch mit dem Vaterunser beginnt, ist die Zusicherung Jesu, dass Gott jeder Person, die ihn ernsthaft darum bittet, den *Heiligen Geist* gibt. Das liest sich so, als sollte es beim Beten für persönliche Angelegenheiten eigentlich um gar nichts anderes gehen. Ähnlich beginnt der Jakobusbrief: „Haltet es für lauter Freude, wenn ihr in mancherlei Anfechtungen fallt", heißt es dort. Das dient dazu, fährt Jakobus fort, dass sich unser Glaube bewährt, und das wiederum bewirkt, dass wir keinen Mangel haben. Und warum nicht? Weil wir Gott vertrauensvoll um *Weisheit* bitten dürfen (Jak 1,5).

Die Bitte um Weisheit und die Bitte um den Heiligen Geist ist offenbar dasselbe. Warum brauchen wir eigentlich gar nichts anderes als Weisheit, wenn uns doch zugesagt ist, dass Gott selbst für uns sorgt? Weil Weisheit bedeutet, dass wir erkennen können, welche Türen sich für uns auftun, damit unsere Bedürfnisse Erfüllung finden können. Gott sorgt nicht vorbehaltlos für uns, wenn wir uns der Verantwortung entziehen und das Sorgen für andere und für uns selbst an ihn delegieren, um es dadurch bequemer zu haben. Aber das ist uns versprochen: Wer sucht, der soll auch wirklich finden, wer anklopft, dem wird wirklich aufgetan. Es wird sich zeigen, dass es immer eine gute Antwort gibt, die uns wieder neu dankbar werden lässt. Die beste Hilfe zur Dankbarkeit erfahren wir durch die Erfüllung wichtiger Bedürfnisse.

Loszulassen, um sorglos frei zu sein, kann sehr viel Mut erfordern. Es wird uns zugemutet, aber wir werden auch ermutigt dazu: Es wird sich lohnen. Du wirst viel mehr empfangen als du hergibst.

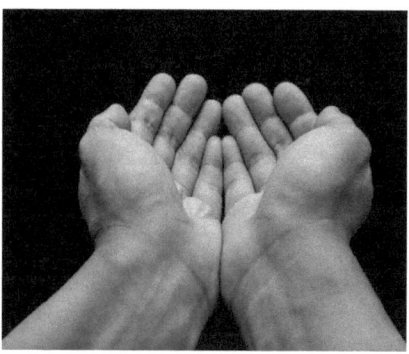

2. Das Unkraut der Sorge

Lukas 8,5-15

5   Es ging ein Säemann hinaus, um seinen Samen zu säen. Und in-
    dem er säte, fiel etwas auf den Weg und wurde zertreten, und
    die Vögel des Himmels fraßen es.
6   Und anderes fiel auf den Fels, und als es aufging, vertrocknete
    es, weil es keine Feuchtigkeit hatte.
7   Und anderes fiel mitten in die Dornpflanzen, und sie wuchsen
    mit auf und das Dorngewächs erstickte es.
8   Und anderes fiel auf die gute Erde, und als es aufging, brachte es
    hundertfältige Frucht. Als er dies gesagt hatte, rief er: Wer Oh-
    ren hat zu hören, der höre!
9   Es fragten ihn aber seine Jünger, was diese Parabel sei.
10 Er aber sprach: Euch ist es gegeben, die Geheimnisse des Reiches
    Gottes zu erkennen, den Übrigen aber in Parabeln, damit sie se-
    hend nicht sehen und hörend nicht verstehen.
11 Dies aber ist die Parabel: Der Same ist der Logos Gottes.
12 Die aber auf dem Weg sind die Hörenden, bei denen sodann der
    Teufel kommt und den Logos aus ihren Herzen nimmt, damit sie
    nicht glaubend Hilfe erfahren.
13 Die aber auf dem Fels sind es, welche, wenn sie hören, den Logos
    mit Freude aufnehmen, und sie haben keine Wurzel, sie vertrau-
    en für einen Moment und im Moment der Versuchung fallen sie
    ab.
14 Das aber inmitten der Dornen sind, welche hören, und weil sie
    von Sorgen und Reichtum und Lebenslust bestimmt wandeln,
    werden sie erdrückt und bringen keine reifen Früchte.
15 Die aber in der schönen Erde, das sind die, welche in einem schö-
    nen und guten Herzen den Logos hören und behalten und in Ge-
    duld Frucht tragen.

Diesen Text nennt man das Gleichnis vom vierfachen Ackerfeld. Ich habe mir erlaubt, das griechische Wort für Gleichnis, „Pa-
rabolé", mit dem Fremdwort „Parabel" zu übersetzen, damit wir
nicht aus den Augen verlieren, worum es Jesus in seinen Gleichnissen geht. Es sind nicht einfach nur Beispielgeschichten, um die An-
schaulichkeit zu steigern oder gar nur hübsch zu illustrieren. Der
Duden definiert „Parabel" als „lehrhafte" Dichtung oder Erzählung, als „Lehrstück", um anhand eines Beispiels „eine allgemeingültige sittliche Wahrheit" darzustellen. Das wollen wir festhalten:
Die Gleichnisse Jesu sind nicht Bilder, die seine Lehre ergänzen,
sondern sie sind Kernelemente seiner Lehre selbst.

Von dieser Feststellung her erschließt sich auch der Kommentar Jesu, als er seinen Jüngern diese Parabel erläutert: „Euch ist es gegeben, die Geheimnisse des Reiches Gottes zu erkennen, den Übrigen aber in Parabeln, damit sie sehend nicht sehen und hörend nicht verstehen." Damit ist nicht gemeint, dass Jesus absichtlich die Wahrheit durch das Gleichnis verhüllt, sie also gewissermaßen einpackt und das Auspacken denen vorbehält, die dafür geeignet sind. Dass viele hören ohne zu verstehen liegt vielmehr am Charakter der Wahrheit selbst in diesen Gleichnissen: Sie ist *Geheimnis*. Jede Wahrheit, die aus der Ewigkeit kommt, ist ein Geheimnis für uns Menschen, weil alles Ewige für unseren Verstand nicht fassbar ist. Wir brauchen eine bildhafte Vorstellung davon, ein Gleichnis also, damit wir überhaupt etwas davon verstehen können.

Darum sagt Jesus: „Wer Ohren hat zu hören, der höre!" Natürlich hat jeder Ohren, um zu hören, und darum gilt die Aufforderung auch jedem, der das hört. Jesus spricht vom *Hin*hören. Wir sollen uns auf das einlassen, was er sagt, in der Erwartung, dass sich etwas von der ewigen Wahrheit für uns aufschließt.

Die Reaktion der Jünger ist ein gutes Beispiel dafür, dass sich das Aufschließen nicht automatisch ereignet. Sie hören hin, aber sie verstehen noch nicht, was er meint. Das braucht Geduld! Daraus wird nun ein vertiefendes Lehrgespräch. Jesus vertraut, dass die Haltung der Jünger dafür geeignet ist, sich dem Geheimnis zu nähern. „Euch ist es gegeben, die Geheimnisse des Reiches Gottes zu erkennen." Bei vielen andern nimmt er wahr, dass die Aufgeschlossenheit fehlt. Sie hören nicht wirklich hin oder sie hören nicht geduldig genug hin. Es kann schon sein, dass sie sich berühren und bewegen lassen, aber es bleibt letztlich fruchtlos. Dafür gibt es verschiedene Gründe.

Ich habe mir auch erlaubt, den griechischen Begriff für „Wort", Logos, unübersetzt zu lassen, weil „Logos" viel mehr umfasst als das, was wir gemeinhin unter einem Wort verstehen. Die eigentliche Bedeutung von Logos ist nicht der Wort*laut*, das also, was wir sagen oder lesen, sondern der *Sinn* in dem, was wir sagen oder lesen, und tatsächlich lässt sich Logos nicht nur mit „Wort", sondern vor allem auch mit „Sinn" übersetzen. Daher kommt auch unser Wort „Logik". Wenn etwas logisch ist, leuchtet es ein, es macht Sinn. Die Saat auf dem Weg kann nicht aufgehen, weil dieser Mensch nur die Worte hört, ohne die Muße zu finden, überhaupt darüber nachzudenken. Das Gehörte bleibt buchstäblich an der Oberfläche, es findet gar keine nachhaltige Vertiefung statt. Hinhören heißt, ernsthaft darum bemüht sein, den *Sinn* der Worte aufzunehmen. Andernfalls erkennen wir das göttliche Geheimnis nicht.

Wenn die Saat auf Felsengrund fällt, ist es ähnlich, aber immerhin nehmen diese Hörer den Sinn der Rede mit Freuden auf. Sie verstehen also, dass es sich wirklich um eine *Freuden*botschaft handelt, um *Evangelium*, wie das theologische Fremdwort dafür bekanntlich heißt. Damit verstehen sie bereits Wesentliches. Sie machen sich aber ein falsches Bild von der verkündigten Freude. Darum sind sie sehr enttäuscht, wenn sie mit Schwierigkeiten konfrontiert werden, die sie nicht auf dem Schirm hatten. Statt geduldig weiter über den Sinn der Freudenbotschaft nachzudenken und sich so dem Geheimnis der ewigen Freude zu nähern, geben sie auf oder sie hören nicht mehr sorgsam hin und legen sich die Lehre Jesu so zurecht, wie es ihnen passt.

Es kann sein, dass Weg und Fels zusätzlich noch von Dornengestrüpp überwuchert sind, aber das Unkraut braucht auch seinen Nährboden, um wachsen und gedeihen zu können. Weil er vorhanden ist, findet die Saat hier eigentlich gute Bedingungen vor. Jesus erkennt unter seinen Zuhörern etliche, die ernsthaft lernbereit sind, sie hören zu, sie hören hin - die Saat geht auf, fasst Wurzeln und die Halme sprießen. Das Problem dieser Gruppe von Hörern ist die Konkurrenz. Jesus nennt sie beim Namen: Sorge, Reichtum, Lebenslust. Die Halme bleiben ohne Frucht und je länger je mehr dominiert das Unkraut, bis sie zugrunde gehen.

Die Lebenslust an sich ist kein Unkraut, solange sie unserer Natur entspricht. Von der Hedoné redet Jesus hier, das ist im Griechischen der umfassende Begriff für alle möglichen Freuden, Auch die Freude des Evangeliums ist eine Hedoné, und die Sorglosigkeit im Vertrauen auf die Fürsorge des Vaters, zu der Jesus in der Bergpredigt einlädt, ist alles andere als lebensfeindliche Freudlosigkeit. Wenn wir die Vögel betrachten, sollen wir uns freuen daran, wie sie sich ohne Sorgen des Lebens freuen, und sollen sie zum Vorbild nehmen. Hier im Gleichnis vom Ackerfeld geht es Jesus aber um eine andere Qualität von Lebenslust, die keine guten Früchte trägt, sondern Dornen. Das Dornige verletzt. Es ist eine Lebensfreude, die den Lebenssinn ersetzt. Sie wuchert immer weiter, sie wird zur Sucht nach immer mehr. Es geht um Menschen, die von dieser Reihenfolge bestimmt sind: Erstens Sorge, zweitens Reichtum, drittens Lebenslust. Der Paralleltext im Markusevangelium erläutert den Zusammenhang, indem es dort heißt: „die Sorgen der Gegenwart und die Verführung durch den Reichtum und die andern Begierden, die sich einstellen, erdrücken das Wort und es bleibt ohne Frucht" (Mk 4,19). Die Sorgen der Gegenwart, das sind die täglichen Sorgen, die *Alltagssorgen* also. Der Betrug des Reichtums liegt darin, dass wir uns einbilden, die täglichen Sorgen durch den Besitz loszuwerden. Dadurch wird uns das Besitzen zur Begierde, wir werden süchtig danach, und die Sucht nach Besitz vereint sich mit der Sucht nach Genuss.

Der Betrug des Reichtums besteht darin, dass die Alltagssorgen dadurch nicht kleiner werden, sondern zunehmen wie Unkraut im Regen. Wohlstand ist eine sehr gute Voraussetzung als Nährboden für die Saat des Evangeliums, aber nicht, wenn unser Herz an den Wohlstand versklavt ist. Dann lässt jeder Geldregen auch das Dornengestrüpp sprießen und es wächst viel schneller und hemmungsloser als die gute Saat. Die Dornen sind Habsucht, Egoismus, Geiz und Gleichgültigkeit. Die fruchtlosen Blüten sind Selbstgefälligkeit und Arroganz. Man hält sich für etwas Besseres, für die Elite, man meint, erwählt zu sein; und so deutet man den Wohlstandsregen als besonderen Wohlstandssegen.

Aber der Betrug des Reichtums ist auch der Betrug der Armut. Die Alltagssorgen der Armen sind etwas anderes als die Vielfalt der Luxussorgen reicher Menschen, um die Arme sie nur beneiden können. Die Alltagssorgen der Reichen können denen der Armen ähnlich werden, zum Beispiel wenn sie krank werden und vor allem, wenn sie ihr letztes Hemd anziehen müssen, das bekanntlich keine Taschen hat. Aber bei den Armen geht es mehr oder weniger immer um das letzte Hemd, immer um die Existenz. Das ist echte, schwere, ernst zu nehmende Sorge. Die Alltagssorgen der Reichen drehen sich vor allem darum, sicherzustellen, dass ihr Spaßniveau nicht absinkt. Das ist nicht so einfach, weil man sich dazu immer etwas Neues einfallen lassen muss, wodurch man das noch toppen kann, was man schon besitzt, damit es nicht langweilig wird, denn Langeweile heißt, dass die Lebenslust schwindet. Darum halten die Reichen ihren Luxus für lebensnotwendig. Er soll sie vor der Langeweile bewahren.

Die Armen erliegen aber dem Betrug des Reichtums genauso, wenn sie sich von ihren Alltagssorgen beherrschen lassen und sich ebenfalls einbilden, dass der Besitz ihnen die Freiheit von der Sorge bringen würde. Sie sind vom Neid geplagt und verklären den Reichtum. Sie messen ihm zu viel Bedeutung für ihr Lebensglück bei. Sie lassen sich beeindrucken vom Äußeren der Reichen und meinen, sich selbst nur des Lebens freuen zu können, wenn sie auch solche Güter besitzen.

Darin liegt die große Provokation, die große Herausforderung, aber auch die große Einladung der Parabel vom vierfachen Ackerfeld: Dass die Saat des Evangeliums vom Geheimnis des Gottesreichs uns nicht nur oberflächlich berührt, sondern dass sie unser Herz erreicht: „Die aber in der schönen Erde, das sind die, welche in einem schönen und guten Herzen den Logos hören und behalten und in Geduld Frucht tragen." „*Schön* und gut" steht im Text, nicht nur „gut".

Luther hat „fein und gut" übersetzt. In anderen Bibelübersetzungen steht „aufrichtig und gut" oder „redlich und gut", aber die Hauptbedeutung des Worts, das bei Lukas steht, ist „schön". Fein, ja, in diesem Sinn: „Das ist fein!", so wie wir sagen: „Das ist schön!" So schön wie das schöne Bild von der aufgegangenen Saat mit den vollen Ähren, so schön wie das schöne Bild von den Vögeln unter dem Himmel und den Lilien auf dem Feld. So schön und so erfreulich; natürlich schön, einladend schön.

Es ist etwas sehr Schönes, wenn das schöne, gute Evangelium unser Herz erreicht und auf dem Nährboden des schönen, guten Herzens konkurrenzlosen Raum zum Wachsen hat. Das Unkraut kriegen wir nicht so leicht los, es klein zu halten braucht Geduld. Da schließt sich der Kreis: Die Hörer, bei denen die Saat auf den Weg fällt, sind ganz ohne Geduld. Sie halten nicht inne, sie sind selbst immer auf diesem Weg unterwegs, ihre eigenen Füße zertrampeln die Saat, nie nehmen sie sich die Zeit, um überhaupt einmal zur Besinnung zu kommen und hinzuhören. Felsig ist das Herz der andern Hörer, weil es hart wie Stein wird, wenn sie darauf stoßen, dass die Freude des Evangeliums nur in der Tiefe des Leidens tiefe Wurzeln schlagen kann. Aber auch denen mit dem guten Boden und dem Dornengestrüpp mangelt es an Geduld. Sie nehmen nicht ernst genug, was Jesus immer wieder eindringlich betont: Dass sie nicht zwei Herren dienen können. Das Gottesreich ist das Reich der Liebe und Liebe kann nur *ungeteilt* Liebe sein. „Du sollst den Herrn, deinen Gott, lieben von ganzem Herzen, von ganzer Seele und mit all deiner Kraft und deinem ganzen Gemüt, und deinen Nächsten wie dich selbst", heißt es im selben Evangelium nach Lukas, im Lehrstück vom Barmherzigen Samariter, das vom Geheimnis des Liebesgebots spricht.

Wie der für den Bedürftigen sorgt, das ist schön. Er kann so sorgen, weil er sich nicht von der Sorge beherrschen lässt, wie die andern, die in der Geschichte ihren Auftritt haben: Die Räuber, denen die Sorge befiehlt, um der Habgier willen ihr Gewissen zu verleugnen, und die Diener des religiösen Kults, denen die Sorge befiehlt, sich nicht zu verunreinigen, um ja vor Gott und ihren Mitgläubigen gut dazustehen.

Frei von der Sorge ist das Sorgen für die andern ganz selbstverständlich und natürlich und darum ist es nicht nur gut, sondern auch schön. Sorgloses Sorgen findet es schön, dienen und helfen zu können und zu dürfen. Es kommt von Herzen, es macht Freude, gleichermaßen dem, der gibt, und dem, der empfängt.

So nähern wir uns miteinander und füreinander dem Geheimnis der ewigen Liebe.

3. Verhängnisvolle Sorge

Lukas 12,15-20

15 *Er aber sprach zu ihnen: Seht zu und hütet euch vor aller Hab-*
gier, denn nicht zum Überfluss ist das Leben aus dem, was zur
Verfügung steht.

16 *Und er sagte ihnen ein Gleichnis und sprach: Eines reichen Man-*
nes Land brachte ihm guten Ertrag ein.

17 *Und er überlegte in sich selbst und sprach: Was soll ich tun,*
denn ich habe keinen Platz, wo ich die Frucht aufhäufen kann.

18 *Und er sprach: Dies werde ich tun, ich werde meine Scheunen*
niederreißen und größere bauen und dort meinen Weizen auf-
häufen und mein Gut.

19 *Und ich werde meiner Seele sagen: Seele, du hast viele Güter*
vorliegen für viele Jahre; ruhe dich aus, iss, trink, freue dich!

20 *Gott aber sprach zu ihm: Du Tor, in dieser Nacht fordert man*
deine Seele von dir zurück, wem wird nun gehören, was du be-
sorgt hast?

Ein ähnliches Gleichnis stammt aus Tibet: Ein Dieb stiehlt sich einen sehr schweren Sack Gerste und hängt ihn in seiner Hütte mit einem Strick an die Decke. Er macht es sich unter dem Sack bequem, betrachtet ihn unentwegt und träumt davon, was er mit dem Geld anfangen wird, wenn er ihn verkauft hat. Unmerklich nagt dabei eine Ratte an dem Strick. Auf einmal fällt der Sack herunter und erschlägt den Dieb. Diese Geschichte kann uns helfen, uns dem Geheimnis der Parabel vom reichen Kornbauern zu nähern. Sie weist uns darauf hin,

1. dass Reichtum, der aus Habgier entsteht, Diebstahl ist,
2. dass die Träume davon, was man alles daraus machen wird, nicht der Realität entsprechen,
3. dass der große Gewinn, an dem sich die Habgier ergötzt, in Wirklichkeit eine sehr bedrohliche Last ist, weil
4. die sicheren Systeme des Reichtums aus Habgier irgendwann überspannt sind und zusammenbrechen.

1. Reichtum, der aus Habgier entsteht, ist Diebstahl

Die Worte „Habgier" und „Habsucht" sagen dasselbe. Die gierige Sucht und die süchtige Gier macht den Besitz - das ist er Mammon - zum Gott, und versklavt sich an ihn. Das Haben hat für den Habgierigen höchste Priorität, höher als die Gerechtigkeit. Wenn mächtige Habgierige das Rechtswesen bestimmen können, gestalten sie es zum Vorteil ihrer Sucht. Darum ist jedes Rechtssystem, das von der Habgier dominiert wird, eigentlich ein Unrechtssystem. Und wenn Habgierige sich mit einem Rechtssystem konfrontiert sehen, das gerechter ist als sie selbst, fügen sie sich ihm nur so weit, wie es unbedingt sein muss und wie es dem Interesse ihrer Sucht Raum gibt. Weil ihr Herz dem Mammon gehört, schlägt es nicht für die Gerechtigkeit. Den Habgierigen ist es prinzipiell egal, woher ihr Reichtum kommt, Hauptsache, sie haben ihn. Sie sind Diebe, weil ihr Herz das Stehlen liebt. Stehlen bedeutet für sie einfach nur, auf die bequemste Weise den Besitz zu vermehren.

Es ist ein doppelter Diebstahl, denn es ist ein doppeltes Unrecht: Die Habgierigen bereichern sich nicht nur auf ungerechte Weise, sondern sie gehen mit ihrem angehäuften Besitz auch auf ungerechte Weise um, indem sie ihn immer weiter horten und nicht teilen.

Gegenstück zum reichen Kornbauern ist im Lukasevangelium der Zöllner Zachäus (Lk 19,1-10). Durch die Begegnung mit Jesus wird er frei von seiner Sucht und entscheidet sich darum dafür, mit den Armen zu teilen, nicht nur durch ein Almosen, sondern richtig: Die Hälfte für euch, die andere für mich. Doch nicht allein das: Jetzt, wo ihm vergeben ist, tut er nicht so, als gehe ihn sein altes Unrecht nichts mehr an. Er versteht: Ich bin verantwortlich für die Opfer meines Unrechts. Ich muss versuchen, ihren Schaden wieder gut zu machen. Hierfür legt er ein anderes Maß an: Nicht fifty-fifty, sondern das Vierfache vom Gestohlenen. Daran zeigt sich, dass er jetzt auch die Hälfte, die er für sich behält, als Aufgabe begreift, um damit für Gerechtigkeit zu sorgen.

2. Die Träume der Habgierigen entsprechen nicht der Realität

„Hütet euch vor aller Habgier; denn niemand lebt davon, dass er viele Güter hat", sagt Jesus einleitend in der Lutherübersetzung. Genau genommen steht da: „nicht zum Überfluss ist das Leben aus dem, was zur Verfügung steht." Mit anderen Worten: Wir brauchen nicht mehr, als wir *wirklich* brauchen. Allen Überfluss brauchen wir *nicht*. Er passt nicht ins Maß, es läuft über den Rand des Gefäßes, es wird verschüttet und vergeudet.

Gewinn ist nicht dasselbe wie Überfluss, auch wenn er ebenfalls das übertrifft, was wir jetzt gerade brauchen. Gewinn ist das, was wir abschöpfen können, um verantwortlich zu investieren. Dazu gehört selbstverständlich auch die Vorsorge. Aber realistisch ist alles Sorgen und Vorsorgen nur, wenn es bei dem bleibt, was wir wirklich brauchen. Vor allem brauchen wir Gerechtigkeit, denn Gerechtigkeit ist nichts anderes als die Sorge dafür, dass jeder bekommt, was er braucht. So wichtig es mir ist, selbst zu bekommen, was ich brauche, so wichtig muss mir auch sein, dass die andern bekommen, was sie brauchen. Wenn mir der eigene Vorteil wichtiger ist als das, was die andern brauchen, bin ich ungerecht, und wenn ich es ihnen vorenthalte oder wegnehme, bin ich ein Dieb.

Aller Überfluss, der durch Unrecht entsteht und denen vorenthalten wird, die Mangel leiden, ist Diebesgut. Die Habgierigen rechtfertigen es, indem sie sich alles Mögliche ausdenken, was sie mit ihrem Reichtum machen wollen. Sie träumen sich damit in den Himmel hinein. Sie fantasieren sich in neue Paradiese hinein und halten sich für die Heilsbringer der Zukunft. Aber sie teilen nicht. Sie horten ihren Reichtum und berauschen sich an ihrem Reichtum und weil sie sich so grenzenlos großartig darin finden, sind sie süchtig danach.

Würden sie nüchtern wie Zachäus, dann würden sie ihre Schuld und Verantwortung erkennen: Sie selbst sind verantwortlich für die Klimakrise, für die globalen Herrschaftssysteme des Verbrechens, für die großen, grausamen Kriege, für das unfassbar große Leid so vieler Menschen, für die Armut mit allen ihren Folgen, für die Perspektivlosigkeit so vieler Menschen, denen alle Mittel fehlen, wenigstens bescheidenen Wohlstand aufzubauen.

3. **Die großen Gewinne der Habgierigen sind in Wirklichkeit eine sehr bedrohliche Last**

Unser ungerecht zustande gekommener Reichtum fällt uns irgendwann auf den Kopf. Ich sage „unser Reichtum", obwohl ich mich selbst nicht zu den Reichen zähle, aber ich lebe in einem reichen Gesellschaftssystem und bin als Teilhaber desselben unvermeidlich Mittäter wie auch Mitbetroffener der Folgen. Wenn der schwere Sack des gehorteten Reichtums nicht mit einem Schlag auf uns hinunter saust, dann erdrückt er uns allmählich. Die Realität ist eine Mischung aus beidem. Die Last der vorenthaltenen Verantwortung schafft immer größere bedrückende Spannungen und immer wieder entladen sie sich in Katastrophen, die ziemlich plötzlich eintreten oder auch buchstäblich auf einen Schlag und unermesslich viel Leid bewirken. Die beiden Weltkriege waren solche Katastrophen, so wie jetzt der Putinkrieg. Wie das Magma sich bei Vulkaneruptionen Bahn bricht und herausplatzt, überschütten irrsinnige Herrscher mit ihren fanatischen Anbetern die Welt mit Tod und Grauen, besessen und hemmungslos getrieben von der dämonischen Urgewalt ihrer Gier nach Macht und Geld.

Jesus hat das Gleichnis vom Kornbauern aber nicht erzählt, um etwas darzustellen, was wir so wenig beeinflussen können wie Vulkanausbrüche, sondern um uns sehr eindringlich zur Umkehr aufzufordern. Die Habsucht ist eine tödliche Krankheit dem, der von ihr infiziert wird, er wird daran zugrundegehen, und auch das kann sehr plötzlich geschehen; und vor allem: Je mehr der Habsüchtige besitzt und je mehr Macht er dadurch erhält, desto mehr Kränkung und krankes Unwesen wird er dadurch um sich her verbreiten; er vergiftet die Gemeinschaft, er ist toxisch für die Welt. Die Habsucht ist ein pandemisches Virus, das mit aller Entschiedenheit bekämpft werden muss, und die überaus klaren Worte Jesu dazu lassen keinen Zweifel daran, dass dies von Beginn an ein zentrales Thema der Jesusbewegung war. Das sah Jesus vor sich, wenn er vom „Trachten nach Gottes Reich und seiner Gerechtigkeit" sprach. Jesus wusste sich dazu berufen, das von Gott dazu erwählte Haupt der großen Bewegung zu sein, die aus den habsüchtigen Dieben gerechte Wohltäter werden lässt, die sich ganz der Liebe hingeben und keine Sorge haben, dabei zu kurz zu kommen.

4. **Irgendwann bricht das sichere System des ungerechten Reichtums zusammen**

Die Ratte, die den Strick zernagt, ist der Zahn der Zeit. Habsucht ist Unvernunft und alle Unvernunft ist ungesund. Kurzfristig mag sie beeindrucken durch die Großartigkeit ihrer Konstruktionen, durch ihre Erfolge, doch das alles ist auf Sand gebaut. Das Ungesunde wird zur Krankheit und wenn die Heilung ausbleibt, wird die Krankheit tödlich, für den einzelnen Habsüchtigen wie für die habsuchtskranke Gesellschaft.

Wir müssen uns der unangenehmen Wahrheit stellen, dass auch das Sterben Heilung sein kann, Heilung von einer nicht enden wollenden und immer grausamer gewordenen Plage. Der Zusammenbruch der Naziherrschaft und der Tod des sogenannten Führers und seiner ergebenen Mitverbrecher war die Voraussetzung für den heilsamen Neubeginn. Wenn Jesus in seinen Endzeitreden von den düsteren Gewitterwolken sprach, die sich am Horizont auftürmen, den „Zeichen der Zeit", dann meinte er damit keineswegs den unausweichlichen Weltuntergang, sondern er deutete das als Anbruch der neuen Zeit des Reiches Gottes, in dem zuletzt nur noch die Liebe regiert: Wenn ihr das alles seht, dann „blickt auf und erhebt eure Häupter, weil sich eure Erlösung naht", sagt Jesus im selben Evangelium (Lk 21,28), und das ist die Befreiung von allem, was uns Menschen versklavt; wörtlich steht hier sogar: „richtet euch auf und hebt eure Köpfe hoch!"

Nur nicht die Geduld verlieren. Was aus der Habsucht entsteht, ist von Beginn an dem Untergang geweiht. Der Geist der Habsucht gebärdet sich allmächtig wie der Drache mit den sieben Köpfen im Buch der Offenbarung, und wenn der Widerstand gegen ihn groß wird, wütet er um so mehr. Aber auch wenn seinen abgeschlagenen Köpfen wie der Hydra im antiken Mythos wieder neue Köpfe nachwachsen, sind seine Tage dennoch gezählt. Die Macht des Bösen hat keinen Bestand in sich selbst, kein eigenständiges Wesen, sie ist keine Kraft der Natur. Die Macht des Bösen zieht ihre Kraft nur aus Diebesgut und Lüge. Sie hat kein Daseinsrecht. Wenn es ihr konsequent verweigert wird und der Unzahl ihrer Lügen jeder Anspruch verwehrt wird, eine gültige Meinung zu sein, wenn sie also auf die harten Grenzen der Wahrheit, Gerechtigkeit und Liebe trifft, dann kann sie sich nicht weiter aufblasen und irgendwann ist sie besiegt.

Der Neuanfang nach dem Zusammenbruch des Hitlerreichs war ein Wunder. Der Geist dieses Wunders ist der Heilige Geist und das Ziel des Wunders ist die Verwirklichung des Gottesreichs, das Jesus predigte. In seinem göttlichen, ewigen Kern ist es das Reich der vollkommenen Liebe. Auch 80 Jahre danach setzt sich das Wunder fort und erneuert sich wieder, es setzt sich durch und behält den Sieg. Es bringt Menschen zur Einsicht und zur Umkehr. Auch dafür gibt es viele Zeichen. Wir dürfen nur nicht mit den Scheuklappen unserer Voreingenommenheiten unterwegs sein, denn sonst sehen wir die Hoffnungszeichen nicht oder interpretieren sie falsch. Wir müssen darauf gefasst sein, dass manches nicht in unsere Vorstellungen passt, wenn Gottes Geist Neues schafft. Das war schon immer so. Die Geschichte des notorischen Ungläubigen Zachäus zum Beispiel hat nur im Lukasevangelium Eingang gefunden, die andern Evangelisten kannten sie entweder nicht, weil sie nicht allzu gern erzählt wurde, oder sie fanden sie nicht so recht passend.

Gottes Reich braut sich nicht wie die Wolken am Himmel zusammen, es wächst wie die Saat im Verborgenen heran. Wer weiß, was da schon alles geschieht. Lassen wir uns überraschen.

Der Geist der Habsucht muss uns nicht beherrschen. Wenn wir danach suchen, wie wir davon frei werden können, werden wir finden, das ist uns verheißen. Dann werden wir schöne Überraschungen erleben und es werden einige darunter sein, auf die wir nicht einmal im Traum gekommen wären.

4. Sorglose Geistesgegenwart

Lukas 21,12-15

12 Vor dem allem aber werden sie Hand an euch legen und euch verfolgen, sie werden euch an die Synagogen und Gefängnisse ausliefern, vor Könige und Statthalter führen um meines Namens willen;
13 Es wird euch zum Zeugnis ausschlagen.
14 Nehmt euch nun zu Herzen, euch nicht auf die Verteidigung vorzubereiten;
15 denn ich werde euch Mund und Weisheit geben, wogegen alle, die mit euch im Streit liegen, sich nicht widersetzen und nicht widersprechen können.

Es geht hier um die Sorge, die durch sehr starke äußere Anfeindungen entsteht. Die Weisung, sich nicht auf die Verteidigung vorzubereiten, dürfen wir nicht gesetzlich interpretieren. Ihr Motiv ist nicht das Verbot, sondern Trost und Ermutigung. Man kann sich in aller Ruhe auf etwas vorbereiten, weil das der Angelegenheit, auf die man zugeht, angemessen ist, oder man kann aus der Angst heraus Halt darin suchen. Das habt ihr nicht nötig, sagt Jesus. Ihr seid sehr gut in der Lage, aus euch selbst heraus zu bestehen. Es ist Ermutigung zum Selbstvertrauen. Wir müssen uns nicht verunsichern lassen durch solche Erfahrungen.

Wenn sich jemand für einen Künstler hält und diese Weisung für sich in Anspruch nimmt, um damit zu rechtfertigen, nicht für den Auftritt zu üben, geschieht ihm recht, wenn es schiefgeht. Für das Predigen gilt Ähnliches. Claus Harms, ein bekannter Prediger in Norddeutschland zur Zeit der Erweckungsbewegung, erzählte von sich selbst, er habe sich einmal überlegt, dass ein Beweis seines besonderen Gottvertrauens sein würde, bei der nächsten Predigt auf die Vorbereitung zu verzichten und einfach das zu sagen, was ihm der Heilige Geist eingeben würde. Als man ihn fragte, was er vom Heiligen Geist gehört habe, antwortete er: „Er hat gesagt: Claus, du bist faul gewesen."

Das Wort „sorglos" hat in unserer Sprache nur einen negativen Beiklang, wenn der Zusammenhang es nahelegt. Das Englische ist da klarer: Dort stehen sich die Worte „careless" und „careful" gegenüber, und sie meinen dasselbe wie „mindless" und „mindful". „Mindfulness" ist das englische Wort für Achtsamkeit. Mindless zu sein heißt unachtsam sein, und das ist im Englischen gleichbedeutend mit gedankenlos, so wie Achtsamkeit heißt, sich Gedanken zu machen. Careful heißt vorsichtig und careless heißt unvorsichtig im Sinne einer unangemessenen Bedenkenlosigkeit, also Unvorsichtigkeit und Leichtsinn.

Es gibt eine ängstliche Vorsicht, die uns daran hindert, mutig zu sein, wo es angebracht wäre, und es gibt eine achtsame Vorsicht. Wenn ich achtsam vorsichtig bin, sehe ich mit wachem Blick voraus, was kommen wird, so weit es sich jetzt erkennen lässt, und ich sehe *mich* vor, mit dem Kommenden angemessen achtsam umzugehen. Darum haben Achtsamkeit und Wachsamkeit sehr viel miteinander zu tun. Achtsame Wachsamkeit in sehr bedrängenden, beängstigenden Situationen, das ist die Geistesgegenwart, von der hier die Rede ist.

„Mind" ist das englische Wort für den menschlichen Geist, darum lässt sich Mindfulness auch schon ungefähr mit „Geistesgegenwart" übersetzen, es ist fast dasselbe. Aber eben auch nur fast. Geistesgegenwärtig kann auch ein Übeltäter sein, der schneller ist als sein Opfer. „Achtsam morden" heißt eine Komödie im Programm des Karlsruher Kammertheaters. Das ist eine satirische Formulierung, denn wahre Achtsamkeit passt in gar keiner Weise zu so etwas wie Mord, und sei er noch so gut überlegt und geistesgegenwärtig ausgeführt. Achtsame Geistesgegenwart kann nichts Böses sein; achtsame Vorsicht möchte Schaden verhindern und abwenden. Auf dieser Linie liegt selbstverständlich auch die Geistesgegenwart, von der Jesus hier spricht.

Dazu passt das ethische Grundprinzip des christlichen Glaubens, wie es Paulus formuliert hat: „Lass dich nicht vom Bösen überwinden, sondern überwinde das Böse mit Gutem" (Rö 12,21). Jesus geht davon aus, dass die Motive solcher schlimmen Anfeindungen böse sind, und das hat sich ja auch in der Geschichte auf schrecklich vielfältige Weise bis heute bestätigt. Paulus schreibt im selben Zusammenhang ein paar Verse zuvor: „Haltet euch nicht selbst für klug. Vergeltet niemandem Böses mit Bösem. Seid auf Gutes bedacht gegenüber jedermann. Ist's möglich, soviel an euch liegt, so habt mit allen Menschen Frieden" (Rö 12,16-18). Das unter allen Umständen zu beherzigen heißt achtsam geistesgegenwärtig sein. Und *wenn* wir es unter allen Umständen beherzigen, so sagt uns Jesus zu, dann dürfen wir völlig unbesorgt sein: Uns wird schon das Rechte einfallen, weil wir dann offene Ohren für das Reden des Heiligen Geistes haben.

Gott sei Dank, hier in Mitteleuropa gibt es wahrlich keine Christenverfolgung, aber Anfeindungen um des Christseins willen können uns schon zustoßen, wenn auch nicht allzu häufig. Die ausgeprägte Liberalität und Toleranz bei uns ist ambivalent, aber dazu gehört eben auch, dass man religiös sein kann, wie man will, solang man dabei friedlich bleibt. Vieles von dem, was hiesige Christen Anfeindung nennen, ist die Reaktion von Andersgläubigen auf

Aussagen und Verhaltensweisen von Christen, die tatsächlich bedenklich sind, oder auf etwas, das sie nicht verstehen und misstrauisch aus dem Vorurteil heraus interpretieren, und natürlich gibt es auch arrogante Besserwisserei und Boshaftigkeit uns gegenüber. Aber Verfolgung und Unterdrückung sieht anders aus. In dieser Hinsicht leben wir hier, global gesehen, in einer Oase.

Darauf zu hören und davon zu lernen, wie es Christen in echten Verfolgungssituationen mit diesen Sätzen aus dem Evangelium geht, ist ein sehr wichtiges Thema, nicht zuletzt auch der Solidarität wegen, aber für unseren eigenen Alltag tun wir besser daran, Erfahrungen in den Blick zu nehmen, die nicht dasselbe sind, die uns aber trotzdem unter Umständen außerordentlich zusetzen können. Worum kann es sich dabei handeln und was bedeutet dann die Weisung Jesu bei Lukas in Verbindung mit der Weisung aus dem Römerbrief für uns?

Es handelt sich darum, dass uns tatsächlich übles Unrecht geschieht oder wir uns einbilden, dass uns übles Unrecht geschieht, oder dass eine Mischung von beidem stattfindet.

1. Wenn mir tatsächlich übles Unrecht geschieht

Wesentlich ist, dass ich mich nicht provozieren lasse. Es geht darum, auf jeden Fall die eigene Würde zu wahren. ich nehme mir ein Beispiel an Jesus, wie er ruhig der Gewalt und den ungerechten Vorwürfen seiner Ankläger und ihrer Handlanger begegnet. Er redet wenig, aber was er redet, ist wahrhaftig und es geschieht achtsam zur rechten Zeit. Er schweigt, wenn er achtsam wahrnimmt, dass es jetzt keinen Sinn hat zu reden. Er argumentiert, wenn es wie bei Pilatus Hoffnung gibt, dass ein Gegenüber empfänglich dafür ist, oder wenn Widerspruch um der Wahrheit willen alternativlos ist.

Das Entscheidende dabei ist, klar zu unterscheiden zwischen der eigenen Unschuld und der ungerechtfertigten Anschuldigung. Die passende Haltung dafür ist nicht, sich rechthaberisch aufzuplustern, sondern das, was Paulus so ausdrückt: „Haltet euch nicht selbst für klug." Die Ankläger mögen sich selbst für klug halten mit ihren Anschuldigungen. Wenn sie Recht haben damit, soll es auch mir recht *sein*, wenn nicht, geht es mich eigentlich nichts an. Es ist *ihr* Problem. Sie haben sich in einen Irrtum verstrickt. Darum betet Jesus: „Vater, vergib ihnen, denn sie wissen nicht, was sie tun."

In den meisten Fällen sind wir denen, die uns Unrecht tun, nicht völlig ausgeliefert. Wir können uns sachlich rechtfertigen und unsere berechtigten Ansprüche stellen, dabei aber auch Ruhe bewahren und die Unrechttäter ohne hässliche Aggression konfrontieren. Wir können darauf achten, uns dabei aber auch nicht aufzureiben. Oft kommt es sehr darauf an, eine gesunde Distanz einzunehmen. Wir brauchen diesen Abstand, um emotional nicht zu arg mitgenommen zu werden.

Wir müssen aber auch damit rechnen, dass die Feindseligkeit bestehen bleibt und sich vielleicht sogar noch verstärkt. Dann gilt es zu überlegen, ob uns diese Verirrten tatsächlich so wichtig sein sollen, dass sie uns fertig machen können. Das ist uns jetzt eben auferlegt, also tun wir gut daran, es anzunehmen.

2. Wenn ich mir einbilde, dass übles Unrecht geschieht

Wieder gilt dasselbe: Wesentlich ist, dass ich mich nicht provozieren lasse. Nur wenn ich erst einmal einen gewissen inneren Abstand finde, kann ich mir sinnvolle Gedanken über die Erfahrung machen. Vielleicht liegt es sehr nah, das Verhalten der andern Person als übles Unrecht zu interpretieren. Aber weiß ich denn *wirklich*, wie sie es gemeint hat? Vielleicht war es einfach nur ungeschickt vermittelt, vielleicht habe ich sie missverstanden. Die allermeisten Konflikte zwischen Menschen haben ihren Ursprung in Missverständnissen. Auch hier gilt wieder: „Haltet euch nicht selbst für klug.“

Es ist ein großer Segen, wenn es uns gelingt, Missverständnisse zu klären, alle Aggression, die wir da hineinmischen, hindert uns nur daran. Aber immer und mit jedem geht das nicht und immer muss es auch nicht sein. Dann ist unsere Haltung entscheidend: Im Zweifelsfall will ich besser über dich denken, als es mir die gekränkte Fantasie eingibt. „Seid auf Gutes bedacht gegenüber jedermann. Ist's möglich, soviel an euch liegt, so habt mit allen Menschen Frieden“.

Damit nehme ich eine prinzipiell vergebende Haltung ein. Vergeben heißt, den andern nicht auf etwas festzulegen, was zurückliegt, ob es sich nun tatsächlich so ereignet hat oder ob ich es einfach nur nicht besser weiß. Darum bin ich bereit, ihn nun auch wieder ganz anders wahrzunehmen und mich ganz positiv von ihm überraschen zu lassen.

3. Wenn mir tatsächlich Unrecht geschieht, ich mir aber auch manches dabei einbilde, was nicht stimmt

Es gehört zur Problematik solcher Situationen und wir können das beim besten Willen nicht ändern: Wenn wir damit konfrontiert werden, tatsächliches oder vermeintliches schlimmes Unrecht zu erfahren, reagiert unser Gehirn ganz von selbst wie ein scheues

Pferd. Es kann uns sehr schwer fallen, im Sattel zu bleiben - unser emotionales Gleichgewicht geht verloren. Darum können wir vorübergehend auch nicht mehr so hilfreich unterscheiden, wie es eigentlich angebracht wäre. Das kann noch schwerer dadurch werden, dass diese Erfahrung einen besonders empfindlichen Punkt bei uns berührte, einen wunden Punkt, eine starke Verletzlichkeit. Dann entsteht allzu leicht eine total negative, völlig abwertende Vorstellung von der anderen Person. Wir sind dann sehr geneigt, sie völlig abzuschreiben. Wenn es trotzdem gelingt, Fantasie und Tatsache auseinanderzuhalten, sind wir auf einem guten Weg. Aber vielleicht brauchen wir dann auch mal eine kreative Auszeit und Seelsorge oder Therapie.

Warum auch nicht? Das wertet uns überhaupt nicht ab, im Gegenteil. Wir können nicht verhindern, dass die bitteren Erfahrungen unseres Lebens ihre Spuren hinterlassen. Aber wir können etwas dagegen tun, dass wir völlig verbittern und hart werden. Dazu ist es nie zu spät. Der Heilige Geist ist uns allen zugesagt und den hat Jesus den Tröster und Ermutiger genannt. Wir sollen Trost finden und neuen Mut. Das ist versprochen.

5. Sorgenfreie Demut

1. Petrus 5,6-7

6   *Demütigt euch nun unter die starke Hand Gottes, damit er euch zur rechten Zeit erhöhe,*
7   *alle eure Sorge auf ihn werfend, denn er trägt Sorge für euch.*

Zweimal ist hier von der Sorge die Rede, aber es werden verschiedene Wörter dafür gebraucht. Unsere Sorge, die wir auf Gott werfen sollen, heißt „mérimna" und meint etwas „existentiell Wichtiges", was „das Herz in Beschlag nimmt", erklärt ein Wörterbuch des Neuen Testaments. Das Wort verwendet Matthäus, um die Sätze Jesu über die geistesgegenwärtige Sorglosigkeit in besonders herausfordernden Situationen wiederzugeben, speziell bezogen auf Anklagen um des Glaubens willen. In der Version des Abschnitts bei Lukas (S.26ff) steht ein anderes Wort dafür, das noch deutlicher werden lässt, worum es geht. Auf Deutsch heißt es „vorbereiten" im Sinne von „vorher einüben". In einem anderen Wörterbuch zum Neuen Testament wird erklärt, dass mérimna für die „ängstliche Sorge vor etwas" steht, die danach trachtet, sich für das, was bedrohlich am Horizont erscheint, vorzubereiten.

Gemeint ist also eine Aufmerksamkeit für Zukünftiges, die das Herz in Beschlag nimmt, weil es um existenziell Wichtiges geht, und die darin besteht, dass wir uns sorgenvoll auf eine Weise damit beschäftigen, die sicherstellen soll, dass nichts Schlimmes passiert oder dass wir jedenfalls mit dem Schlimmen, wenn es unabwendbar ist, garantiert gut zurechtkommen.

Als Jesus in der Bergpredigt darüber spricht, wie es möglich ist und was es bedeutet, sorglos frei zu sein, weist er auf Blumen und Vögel hin: Die Vögel säen und ernten nicht und sammeln das Geerntete nicht in Vorratsspeichern und die Lilien auf dem Feld spinnen nicht, und doch sorgt der himmlische Vater für sie alle. Es wäre vogelwild, daraus zu folgern, dass Jesus uns damit empfehlen möchte, genau wie Vögel dem äußeren Schein nach überhaupt keine Vorsorge zu treffen. Selbstverständlich tun das in Wirklichkeit auch die Pflanzen und die Tiere auf ihre Art, zum Beispiel bauen die Vögel zur rechten Zeit ihre Nester. Zu unserer Art gehört ebenso selbstverständlich, dass wir säen, ernten, sammeln und durch Techniken aus der Natur Produkte gewinnen, die uns das Leben erleichtern, dass wir Vorsorge treffen und auch vor-sichtig sind. *Dass* wir uns sorgsam auf die Zukunft vorbereiten, stellt Jesus nicht in Frage. Entscheidend ist aber, *wie* wir das tun. Wie geschieht es genauso unserer menschlichen Natur angemessen wie bei den Tieren und Blumen? Anders gesagt: Wie geschieht es *schöpfungsgemäß*? Schöpfungsgemäß geschieht es bei uns genauso *unbekümmert* wie bei den Spatzen.

Sich bekümmern steht im Gegensatz zu *sich kümmern*. Das ist ein Grundgedanke des Neuen Testament. Sich bekümmern heißt sich Sorgen machen und davon ängstlich beschlagnahmt sein. Sich kümmern ist gegenwärtige Zuwendung. Sie kann nur angemessen gelingen, wenn sie nicht von ängstlicher Sorge bestimmt ist, sondern von *Freude*. Es ist *schön*, dass wir uns um unsere eigene Zukunft kümmern können und es ist noch schöner, uns um andere zu kümmern. Es tut uns gut, weil es unserer Art entspricht; Gott hat uns geschaffen dazu. Wir finden Lebenserfüllung im Kümmern. Wir brauchen dazu keinen Druck und die Angst darf uns dabei nur einen bescheiden Dienst tun, sie muss sich der Freude unterordnen und sie fördern.

Ja, diesen Dienst muss sie uns schon tun, sonst sind wir allzu sorglos. Wenn unser Herz von einer Bedrohung bewegt wird, sei es die eigene oder die einer Person, die uns am Herzen liegt, dann leidet es unter der Sorge und kann jetzt nicht unbekümmert sein. „Ich mach mir Sorgen um dich". „Ich weiß nicht, was noch daraus werden soll". Es gibt sehr viel guten Grund zu solcher Sorge, und je nach ihrem Gegenstand gehört es genauso auch zu unserer menschlichen Art, dass sie uns sehr schwer werden kann.

So dürfen wir auch die Lage der Menschen verstehen, denen dieser Satz aus dem ersten Petrusbrief gilt: „Demütigt euch nun unter die starke Hand Gottes, damit er euch zur rechten Zeit erhöhe, alle eure Sorge auf ihn werfend, denn er trägt Sorge für euch." In der Übersetzung nach Luther steht nicht „*starke* Hand", sondern „*gewaltige* Hand". Das griechische Wort im Text kann beides bedeuten. „Gewaltig" erinnert an das Gewaltsame von Erfahrungen, die Gottes Hand zulässt oder uns sogar zufügt und die wir nicht verstehen. „Stark" nimmt die helfende Hand Gottes in den Blick. Ich glaube, dass es besser ist, hier „stark" zu lesen. Es gibt eine lange Tradition im christlichen Gottesbild mit gewaltig schlimmer Wirkung, die solche schweren Erfahrungen, die dem unbekümmerten Vertrauen außerordentlich zusetzen können, unmittelbar der schlagenden Hand Gottes zuschreibt. Daraus hat sich ein sehr schwieriges ambivalentes Gottesbild geformt: Dieselbe Hand, die liebevoll für uns sorgt, kann jeden Moment grausam auf uns einschlagen und uns dabei auch noch im Unklaren darüber lassen, warum.

Auf diese Weise kann keine tragfähige Vertrauensbeziehung entstehen. Es geht einfach nicht, denn das entspricht nicht der Art, wie wir geschaffen sind. Wenn Eltern so mit ihren Kindern umgehen, machen die unberechenbaren Schläge alle vertrauensfördernde Wirkung der Fürsorglichkeit zunichte. Angst regiert. Das Kind muss jederzeit mit dem Schlimmsten rechnen, das aus heiterem Himmel hereinbrechen kann. Es kann sich nicht unbekümmert seines Lebens freuen und es lernt überzeugend, dass es sich so etwas wie eine Vertrauensbeziehung zu seinen Eltern entweder erst mühsam durch Leistungen erarbeiten muss, die ihnen zusagen, oder dass es darauf verzichten muss. Eine Vorstellung vom himmlischen Vater, die solchen Eltern entspricht, kann genauso wenig eine stabile Vertrauensbeziehung zu ihm bewirken.

Das ist ja auch die größte Herausforderung für unser kindliches Vertrauen zu Gott: Wir erleben schwere Enttäuschungen, die wir nicht verstehen und die den Eindruck in uns erwecken, als sei der Gott, an den wir bisher geglaubt haben, *nicht* vertrauenswürdig. Am meisten drängt sich uns das auf, wenn diese Erfahrungen extrem *erniedrigend* sind. Wir haben unser Vertrauen darauf gesetzt, dass der Vater im Himmel uns ganz persönlich liebt, so wie wir sind, und wir haben geglaubt, dass er unser Vertrauen damit belohnt, unsere Persönlichkeit mit dem guten Potenzial, das er in uns gelegt hat, unter seinem väterlichen Schutz und seiner beständigen Fürsorge gesund und fruchtbringend aufblühen zu lassen. Aber wir erleben das Gegenteil.

Für solche erniedrigenden Erfahrungen lautet die Antwort des Neuen Testaments, die in diesem Satz des Petrusbriefs besonders verdichtet erscheint: „Demütigt euch." Das heißt also: Wenn ihr gedemütigt werdet durch erniedrigende Erfahrungen, dann reagiert darauf, indem ihr euch demütigt. Soll damit etwa gemeint sein, dass wir uns selbst erniedrigen sollen, wenn wir erniedrigt werden? Das würde bedeuten: Ich erlebe Entwürdigung, also bin ich nichts wert; und darum antworte ich demütig: Ja, es stimmt, ich bin unwürdig. Mir geschieht recht. Ich verdiene gar nichts anderes.

Unter uns Menschen kennen wir solche Unterwürfigkeit als das schreckliche Resultat gewaltsamer Erziehung, die den Erzogenen den eigenen Willen und damit das seelische Rückgrat bricht. Und das sollte ein Abbild der Erziehung Gottes sein?

Wir müssen die Aufforderung, dass wir uns unter die starke Hand Gottes demütigen sollen, anders verstehen. Wenn ich aus der Erfahrung folgere, dass sie der Beweis meiner Wertlosigkeit ist, nehme ich für mich in Anspruch, zu *wissen*, was sie bedeutet: Ich werde geschlagen? Ich weiß: weil ich es verdient habe, ich verdiene auch nichts anderes, und darum ist recht so. Das kann so aber nicht stimmen, denn tatsächlich weiß ich es *nicht*. Mein Herz wehrt sich auch dagegen. „Das ist doch nicht so", sagt es, „du bist doch genau wie alle Menschen aller *Liebe* wert!" Nein, sondern ich weiß so wenig, was diese Erfahrung bedeuten soll, wie ich weiß, was Gott damit beabsichtigt. Ich *verstehe nur ganz einfach nicht*, warum ich das erleben muss! Dafür spricht auch dieses andere Wort für „Sorge" in unserem Text, nämlich für die Sorge, mit der Gott uns umsorgt Dieses Wort bringt zum Ausdruck, dass sich ein Wesen persönlich um einen anderes kümmert, weil es ihm *wichtig* ist. Weil mir das zugesagt ist und weil ich gern daran glauben möchte, verstehe ich die Erfahrungen nicht, die mir das Gegenteil zu beweisen scheinen.

Nicht verstehen: das passt viel besser zur Demut als erniedrigende Schlüsse aus der Erfahrung zu ziehen und sich deshalb auch selbst abzuwerten und zu erniedrigen. Es passt auch viel besser, weil das Kernelement der Demut die *Bescheidenheit* ist. Bescheiden bin ich, wenn ich Bescheid weiß: Ich kenne die Grenzen meines Wissens genau genug, um mir keine Schlussfolgerungen anzumaßen, die jenseits meines Horizonts liegen. Das erleben ja auch Kinder unvermeidlich notvoll, wenn sie sich mit unvermeidlichen Vorgaben ihrer Eltern auseinandersetzen müssen, durch die sie auf Grenzen stoßen, die sie noch nicht verstehen können.

„Es fällt mir unglaublich schwer, das vertrauensvoll anzunehmen, aber ich bin bereit dazu, weil ich nicht mehr darüber sagen kann, als dass ich es nicht verstehe." Diese Einstellung dem gegenüber, was mich bedrückt und mir Angst macht, ist die Voraussetzung dafür, die bekümmernde Sorge loszuwerden. Ich habe keine Ahnung, wie die starke helfende Hand Gottes jenseits meines Verstehenshorizonts gerade für mich sorgt und wie sie für mich sorgen wird, aber ich habe auch keinen zwingenden Grund zu der Annahme, dass sie es *nicht* tut. Ich verstehe es nur nicht.

Nun bleibt noch die Frage übrig, was damit gemeint ist, die Sorge auf ihn zu *werfen*. Die Voraussetzung dafür haben wir festgestellt. Aber es gilt zwischen der Voraussetzung und dem verändernden Akt, der daraus folgt, zu unterscheiden. Die Einstellung ist das eine, die Handlung ist das andere.

„Werfen" lässt an eine Kraftanstrengung denken. Die Kraft der starken Hand Gottes ist aber vor allem denen zugesagt, die *keine* Kraft mehr haben. Gibt es denn ein Werfen ohne Kraftanstrengung? Allerdings, es gibt ein entlastendes Werfen: Das Wegwerfen. Das ist der Sinn des griechischen Worts für Werfen, das hier steht. „Niederlegen" kann man auch übersetzen. Anders gesagt: Ich lege meine Last ab - auf dich. Ich trage sie nicht länger unnötig mit mir herum. Ich lasse sie los.

Loslassen heißt: Die Hände öffnen, um bereit zu sein, mich beschenken zu lassen mit genau dem, was ich unter diesen bedrückenden und bedrohlichen Umständen *brauche*, um damit unbekümmert genauso gut zurechtzukommen wie die Spatzen mit ihrem Tagwerk und die Lilien auf dem Feld in ihren schönen Kleidern, um die sie sich keine Sorgen machen müssen.

Loslassen ist etwas ganz anderes als erniedrigende Unterwürfigkeit und die Mühe, es Gott recht zu machen, um die Beständigkeit seiner Liebe zu erarbeiten. Im Gegenteil: Alles Loslassen ist das Aufgeben einer eigenen Kraftanstrengung. Loslassen ist Freiwerden von einer Last. Ich werde frei von der erdrückenden Bekümmerung über das, was war und das, was sein wird, um mich sorglos um das kümmern zu können, was mir hier und heute gegeben und aufgegeben ist, so wie ich es mit meinem bescheidenen Verstand als Gabe und Aufgabe erkennen kann.

6. Freude statt Sorge

Philipper 4,4-14

4 *Freut euch allezeit im Herrn; wieder werde ich sagen: freut
    euch.*
5 *Eure Güte soll allen Menschen kund werden. Der Herr ist nah.*
6 *Sorgt euch um nichts, sondern in allem sollen eure Anliegen in
    Gebet und Bitte mit Danksagung vor Gott kundgetan werden*
7 *Und der Friede Gottes, der alle Vernunft übersteigt, bewahre eu-
    re Herzen und Gedanken in Christus Jesus.*
8 *Außerdem, Brüder, was wahrhaftig, was ernsthaft, was gerecht,
    was heilig, was wohlgefällig, was ansprechend ist, etwa eine Tu-
    gend und etwas, das Wertschätzung verdient, dem denkt nach;*
9 *und was ihr von mit gelernt und empfangen und gehört und ge-
    sehen habt, das tut; und der Gott des Friedens wird mit euch
    sein.*
10 *Ich freue mich aber sehr in dem Herrn, dass ihr endlich schon eu-
    re Fürsorge für mich wieder aufblühen habt lassen, worüber ihr
    euch Gedanken gemacht habt, aber ihr habt keine Gelegenheit
    dafür gefunden.*
11 *Nicht des Mangels wegen sage ich das, denn ich habe gelernt, in
    dem genügsam zu sein, worin ich bin.*
12 *Ich kenne das Erniedrigtwerden, ich kenne den Überfluss; in je-
    des und alles bin ich eingeweiht, sowohl das Hungern als das
    Sattsein und das Überfließen und das Bedürftigsein.*
13 *Alles kann ich in dem, der mir die Kraft gibt.*
14 *Ihr habt jedoch wohl getan, mir miteinander helfend Anteil zu
    geben in meiner Bedrängnis.*

Freude unter allen Umständen! Dazu bekennt sich Paulus in
diesen Sätzen und dazu fordert er seine Adressaten auf. „Im
Herrn" sollen sie sich freuen. Wir dürfen das nicht als „rein geistliche" Freude im Gegensatz zu den weltlichen Freuden interpretieren, sondern als Begründung der Sorglosigkeit, die es uns erlaubt,
uns unter allen Umständen des Lebens zu freuen. „In dem Herrn"
heißt: Im Raum der Geborgenheit, die euch umschließt: „Von allen
Seiten umgibst du mich und hältst deine Hand über mir" (Ps
139,5). Paulus meint die Sorglosigkeit eines Kindes, das sich ganz
geborgen weiß, weil seine Mutter da ist. Jederzeit kann es bei ihr
Schutz und Hilfe suchen und finden. Es ist ganz eng durch Vertrau-
en mit ihr verbunden, aber es wird dadurch nicht eingeengt, weil
der Mutter daran liegt, dass es sich unbesorgt seines Lebens freu-
en und dabei in aller Freiheit sein Potenzial entfalten kann.

Wir sollten darum auch die Aufforderung, unsere „Güte allen Menschen kund werden" zu lassen, „weil der Herr nah ist", genau in diesem Sinn verstehen, nicht vorrangig als Ausdruck der Erwartung, dass der Herr sehr bald wiederkommt, und schon gar nicht als Drohung, so als würde die Mutter das Kind dadurch zum Bravsein zwingen, dass sie sagt: „Warte nur, bis der Papa kommt!"

„Abermals sage ich: Freut euch". So ist uns der Text vertraut. Genau übersetzt steht hier aber: „Ich werde es euch wieder sagen", immer wieder. Das heißt: Darauf habe ich mich festgelegt, dabei werde ich bleiben. Offenbar hat sich bei Paulus die Erkenntnis durchgesetzt, dass diese Freude in der Geborgenheit des Vertrauens die unverzichtbare und entscheidende Voraussetzung dafür ist, unsere „Güte allen Menschen kund werden zu lassen". Welche Güte? Das griechische Wort an dieser Stelle meint das Angemessene, das Passende, in diesem Sinne auch den Anstand, und gibt dem wiederum die inhaltliche Bedeutung der Milde und Nachsicht, und das wiederum sind wesentliche Aspekte der Tugend und der Gerechtigkeit - auch diese Übersetzungsmöglichkeiten liegen im Bedeutungsspektrum des griechischen Worts. Und „kund werden" heißt nicht einfach nur verkünden, sondern, genau übersetzt, dass alle Welt *erkennen* kann, dass wir so sind.

Die Voraussetzung dieser Güte ist also die Freude und die Voraussetzung der Freude ist die Sorglosigkeit. Davon spricht Paulus anschließend und bringt es so zum Ausdruck, dass es sehr gut zum Bild vom Kind passt, das im elterlichen Geborgenheitsraum sorglos spielt und sich selbst und die Welt entdeckt: „Sorgt euch um nichts, sondern in allem sollen eure Anliegen in Gebet und Bitte mit Danksagung vor Gott kundgetan werden." Das ist falsch verstanden als moralischer Zeigefinger, nur ja immer genug zu beten, weil sonst Bedenkliches passieren wird. Darum liegt hier auch der Schwerpunkt der Aufforderung zum Gebet im *Dank*. Dankbar sein heißt in diesem Zusammenhang, sich daran zu erinnern und erinnern zu lassen, dass wir von der mütterlichen Liebe Gottes umsorgt sind, zu jeder Zeit und unter allen Umständen.

Dieser Geborgenheitsraum ist „der Friede Gottes, der alle Vernunft übersteigt". Dort ist unser Herz und unser Denken behütet und beschützt, in „Christus Jesus" als „dem Herrn" so wie das Kind in der Gegenwart seiner Eltern.

Den *jüngeren* Paulus versteht man nicht ganz falsch, wenn man seine Aussagen über die menschliche Vernunft so liest, als stünde sie im Gegensatz zur göttlichen Weisheit. Aber der Philipperbrief ist ein Produkt des *alten* Paulus. Er ist gereift. Er ist nicht mehr so radikal und aufbrausend wie früher. „Ich habe gelernt, in dem genügsam zu sein, worin ich bin", kann er jetzt schreiben. Das heißt: Er hat gelernt, sein Schicksal, die andern und sich selbst so anzunehmen, wie *es* ist, wie *sie* sind, wie er *selbst* ist. Er ist weitherziger, toleranter und geduldiger geworden, vorsichtiger in seinen Urteilen.

Er kann nicht mehr so kritisch denken über die menschliche Vernunft, wie er es sich angewöhnt hatte als ultraorthodoxer pharisäischer Jude. Es ist wahrscheinlich, dass auch der Aufenthalt in Rom, wo er vermutlich nun inhaftiert ist, seinen Denkhorizont noch erweitert hat. Wir lernen ja nicht nur aus unsern Fehlern, sondern ganz wesentlich auch aus den Begegnungen mit anderen Menschen. Paulus setzt darauf, dass die Philipper aus dem ihre guten Schlüsse ziehen, was sie in der Begegnung mit ihm wahrgenommen haben, das heißt: aus der glaubwürdigen Übereinstimmung seines Redens und Handelns. Es wäre *nicht* glaubwürdig, wenn es Paulus nicht auch für sich selbst darauf ankommen würde. Man kann sich gut vorstellen, dass ihm seit seiner Ankunft in Rom vor ein paar Jahren wichtige Erkenntnisse darüber aufgegangen sind, was diese Übereinstimmung konkret gelebt bedeutet.

Als Paulus nach Rom kam, gab es die christliche Gemeinde dort schon. Sie wurde so wenig verfolgt wie er, als er seine Tätigkeit in und mit den römischen Hauskreisen begann. Zwar saß Nero schon auf dem Thron, aber der junge Mann überließ die Regierungsgeschäfte zu der Zeit noch zwei hervorragenden und sehr umsichtigen Politikern, die zudem enge Freunde waren: Burrhus hieß der eine und der andere war Seneca, der herausragende Vertreter der damaligen stoischen Philosophie, hochgeschätzt von vielen christlichen Theologen und Philosophen bis zur Neuzeit, und das aus gutem Grund, weil seine Lehre in vieler Hinsicht mit der des Neuen Testaments übereinstimmt. Auch bei Seneca dreht sich eigentlich alles um die wahre innere Unabhängigkeit. Nun, als Paulus den Brief an die Philipper schrieb, hatte aber Nero die Macht übernommen, und damit begann wieder eine Herrschaft des Unrechts und der Unterdrückung, in der auch Juden und Christen verfolgt wurden. Darum saß Paulus jetzt im Gefängnis.

Es entstand schon früh die Legende, Paulus und Seneca seien heimliche Freunde gewesen, aber es gibt keinen Beleg dafür, dass sie sich überhaupt kannten, obwohl es denkbar ist. Burrhus allerdings war als leitender kaiserlicher Beamter in Rom verantwortlich dafür, dass die römischen Christen in Freiheit ihre Religion ausüben konnten, und darum war er auch die Person, die das ebenfalls speziell Paulus ermöglichte. Außerdem waren einige Mitglieder der römischen Gemeinde auch Mitglieder des kaiserlichen Hofs, ausdrücklich lässt Paulus die Philipper am Ende des Briefs sogar von diesen grüßen. Man kann davon ausgehen, dass niemand so gut wie sie in der Lage war, die stoischen Ansichten Senecas mit den neuen christlichen Ansichten zu vereinen, zumal sie das Privileg genossen, beides aus erster Hand zu empfangen, also nicht nur durch die verkündigte Lehre, sondern durch die Überzeugungskraft der beiden Hautpvertreter und ihres engen Freundeskreises persönlich.

Auch der Weg des Paulus in seiner Berufung zum „Apostel der Heiden" musste ein Weg des Lernens sein. Vielleicht hatte er anfangs gedacht, nur der Gebende zu sein, um dann aber mehr und mehr zu verstehen, dass die Überzeugungskraft seiner Botschaft mit der Bereitschaft wuchs, nicht nur zu geben, sondern auch zu empfangen, vor allem von anderen Christen, aber auch von Nichtchristen, deren Einsichten den Horizont der eigenen Erkenntnis erweitern konnten. Sich dankbar beschenken zu lassen ist ein wichtiges Grundmotiv im Philipperbrief, auch in diesen Versen, und es ist anzunehmen, dass sich diese Dankbarkeit nicht nur auf Materielles und andere äußere Umstände wie die Religionsfreiheit bezog, sondern auch auf geistige Inhalte.

Wenn wir lernen, ja, dann lernen wir zu einem großen Teil aus Fehlern. Paulus hat in seiner Glaubensentwicklung schwere Fehler gemacht. Sein schwerster Fehler war die Fehleinschätzung der Jesusleute, als er noch ein pharisäischer Hardliner war. Er hat das zutiefst bereut. Die christliche Theologie der Folgezeit hat ihn, nachdem er vom Saul zum Paul geworden war, glorifiziert, so als sei alles, was danach kam, verklärte, unwandelbare Heiligkeit. Das ist Unsinn. Paulus blieb ein Mensch wie du und ich und musste notwendig weiter lernen, ebenso wie ich und du.

Genau wie auch wir musste Paulus in seiner Lebensschule schwierige Lektionen lernen: „Ich kenne das Erniedrigtwerden, ich kenne den Überfluss; in jedes und alles bin ich eingeweiht, sowohl das Hungern als das Sattsein und das Überfließen und das Bedürftigsein." Er hat gelernt, sich weder durch die Versuchungen von Macht und Wohlstand noch durch die Anfechtungen der Armut den Frieden rauben zu lassen. Er hat am Vorbild Jesu und durch seinen Geist gelernt, was es heißt, innerlich unabhängig zu sein.

Und das ist es, was sich nun auch seine christlichen Glaubensgeschwister in Philippi an ihm zum Vorbild nehmen sollen. Was Paulus jetzt schreibt, liegt anscheinend in der Spur dessen, was er ihnen schon zuvor gesagt hatte. Aber nicht seine Lehre hebt er hervor, sondern er vertraut auf die Überzeugungskraft seiner inneren Haltung. Wenn sie sich davon inspirieren lassen, werden sie genauso innerlich unabhängig und sorgenfrei im Geborgenheitsraum Gottes leben wie er selbst: „Was ihr von mit gelernt und empfangen und gehört und gesehen habt, das tut; und der Gott des Friedens wird mit euch sein."

Ja, Paulus sitzt im Gefängnis, als er das schreibt. Es ist nicht unwahrscheinlich, dass er hier sogar mit seiner Hinrichtung rechnen muss. Äußerlich ist er völlig eingeengt und abhängig, innerlich ist er geborgen und frei.

Freude unter allen Umständen, weil Gott uns mit seiner liebenden Sorge umgibt wie eine Mutter ihr Kind, und dieser Geborgenheit wegen innerlich ganz unabhängig und im Frieden sein: Das ist der Punkt, auf den Paulus seine Zirkelspitze setzt, um den Kreis der christlichen Lebenshaltung zu zeichnen. Mit dem nächsten Vers führt er die zuvor begonnene Kreislinie fort. Es liegt ihm daran, noch deutlicher zu machen, was er mit der christlichen Güte meint: „Außerdem, Brüder, was wahrhaftig, was ernsthaft, was gerecht, was heilig, was wohlgefällig, was ansprechend ist, etwa eine Tugend und etwas, das Wertschätzung verdient, dem denkt nach". Das ist bemerkenswert, weil es sich dem Wortlaut nach gar nicht typisch christlich liest; Seneca hätte es genauso schreiben können. Und doch dreht es sich offensichtlich um das, was dem reifen Paulus das Wichtigste geworden ist, zudem sagt er das auch noch in einer Lage, die sich sehr dazu anbietet, seiner Nachwelt zuletzt noch das Wichtigste als Vermächtnis auf den Weg zu geben. Natürlich müssen wir hierzu auch das einbeziehen, was sonst noch im Philipperbrief steht, aber dieser Abschnitt, noch dazu am Ende des Briefs, spricht auch für sich.

Warum ist dem alten Paulus die Freude im Herrn unter allen Umständen so überaus viel wert? Weil sich nur in der Freude die wahre immer weiter sprudelnde Quelle des Sorgens um die *andern* findet. Somit fügen sich die ganz praktischen Aussagen über die Bereitschaft der Philipper in diesem Text und Brief, für den mittlerweile sehr bedürftig gewordenen Paulus zu sorgen, so wie sie es können, mit seinem Aufruf, sich ganz von der Freude dominieren zu lassen, nahtlos zusammen. Mit Freude heißt: Wirklich innerlich unabhängig, wirklich freiwillig. Das muss durchaus nicht Spaß machen, aber es kann immer nur bedeuten: „Ja, *gern*!". Ich entscheide mich dafür, auch wenn es mir ganz schwer fällt, weil ich wirklich Sinn darin sehe. Darum macht es mir Freude. Es macht mir Freude, dir eine Freude machen zu können; es macht mir Freude, wenn du dich freust.

Nur so kann das Sorgen füreinander etwas Schönes und Belebendes sein und so auch immer weiter seine Kreise ziehen, mit ansteckender Wirkung, nur so wird ein ungezwungen dankbares Geben und Nehmen daraus, wo sich der demütigende Unterschied zwischen herablassender Fürsorge und hilfloser Bedürftigkeit letztlich völlig aufhebt. Und so sieht dann die Gemeinschaft aus, wie Jesus sie sich wohl dachte.

Teil II

Füreinander sorgen

7. Die Haltung des Sorgens

Johannes 10,11-14

11 Ich bin der gute Hirte. Der gute Hirte gibt sein Leben für die Schafe.

12 Und der Lohnknecht ist kein Hirte, die Schafe sind nicht seine eigenen, er sieht den Wolf kommen und lässt die Schafe im Stich und flieht - und der Wolf reißt sie und zerstreut sie -

13 weil er Lohnknecht ist und er keine Sorge trägt für die Schafe.

14 Ich bin der gute Hirte und kenne die meinen und die meinen kennen mich.

In der Lutherübersetzung ist das Gegenstück zum guten Hirten der „Mietling". Das Wort verwenden wir sonst nicht mehr. Gemeint ist dem Wörterbuch nach ein Mensch, der „eine Aufgabe nur des Geldes wegen übernimmt". Wenn der gute Hirte das Gegenteil davon sein soll, dann hat das eine abwertende Bedeutung: „Der macht das ja nur des Geldes wegen". Aber das Wort meint auch ganz einfach nur den Lohnarbeiter oder Tagelöhner. Das sind sehr oft Menschen, die froh sind, wenn sie irgendeinen Job bekommen, um überhaupt wenigstens ein bisschen zu verdienen, weil es sonst nicht zum Leben reicht. Zur Zeit des Urchristentums wurde ein Großteil der alltäglichen Berufstätigkeiten von Tagelöhnern verrichtet.

Heute sind das die Jobs für die Ärmsten der Armen. Sie stehen Schlange, wenn es sein muss, um für sehr wenig Geld Tag für Tag neu Lohn für das Allernötigste zu bekommen. Wenn es ihnen misslingt, ist sofort die Existenz bedroht. Es bleibt ihnen gar nichts anderes übrig, als den Job zu tun, den sie gerade bekommen können, nur des Geldes wegen, das sie zum Überleben brauchen. Unzählige von ihnen würden viel lieber eine Arbeit verrichten, die ihren Begabungen entspricht und für die sie angemessenes regelmäßiges Entgelt erhalten.

Die Evangelien zeigen, dass Jesus diesen armen Tagelöhnern besonders zugeneigt war. Auch seinem leiblichen Bruder Jakobus lagen sie besonders am Herzen, wie sein eindringlicher Brief beweist. Beide waren sehr empört über das brutale Unrecht der Menschen, die sich auf Kosten dieser Armen immer mehr Reichtum aufhäuften und unmenschlich mit ihnen umgingen. Jakobus war der erste Gesamtleiter der Urgemeinde. Er machte sich ernste Sorgen nicht nur, weil viele Mitchristen zu den Armen gehörten, die unter diesen Umständen litten, sondern vor allem auch, weil das Unrecht bereits in die jungen Gemeinden eingedrungen war. Es scheint schon wenige Jahre nach dem Pfingstereignis nicht mehr viel übrig geblieben zu sein von der Gemeinschaft des Teilens und Sorgens füreinander, die der Apostelgeschichte zufolge die ersten Christen auszeichnete und einladend auf ihre Umwelt wirkte.

In diesem Text meint „Mietling" oder „Lohnknecht" nur die negative Seite der Haltung, eine Aufgabe allein des Geldes wegen zu übernehmen. Das betrifft die habgierigen Reichen viel mehr als die armen Tagelöhner und ihresgleichen, wenn auch die Lebensfreude der Armen gerade so wie die der Reichen vom Unkraut der Sorge um das Geld überwuchert und erstickt werden kann. Wir müssen davon ausgehen, dass nicht nur unzählige Menschen viel lieber etwas tun würden, das ihren tatsächlichen Begabungen entspricht, sondern dass auch Unzählige wie im Gleichnis von den anvertrauten Talenten das ihre vergraben, aus bitterer Sorge, dass die Härte des Lebens alles Träumen vom Entfalten der schönen Gaben Lügen strafen wird, wie auch unzählige Eltern ihre Kinder darauf einschwören, eine Laufbahn zu wählen, bei der man vor allem gut verdient. Warum? Weil man dem Mammon dient und die Sorge um den Mammon alles diktiert.

Das Problem des Mietlings in diesem Text, dessen Gegenteil der gute Hirte ist, liegt darin, dass er sich nicht mit seiner Aufgabe identifiziert. Er macht seinen Job, aber sein Herz ist nicht dabei. Darum achtet er darauf, nicht allzu viel Mühe damit zu haben, wenn es geht, und erst recht vermeidet er es, sich darin aufzuopfern. Wir müssen darum die Feststellung, dass der Mietling lieber das Weite sucht, wenn der Wolf kommt, gar nicht als negatives Urteil lesen. Die Verantwortung hat der Schafzüchter. Wenn er die Herde in einer Gegend, wo es Wölfe gibt, dem Lohnarbeiter überlässt, ist er selber schuld. Der wäre ja dumm, wenn er bei dem bescheidenen Lohn in der Arbeit für einen Dienstherrn, mit dem ihn sonst nichts verbindet, auch noch sein Leben riskieren wollte.

Das ist also der Unterschied, um den es hier geht: Jesus und jeder gute Menschenhüter in seiner Nachfolge kümmert sich von Herzen gern um die Personen, die auf ihn angewiesen sind, weil sie ihm persönlich am Herzen liegen: Ihr Bedürfnis ist auch sein Bedürfnis, ihre Not ist seine Not. Er identifiziert sich mit ihnen. Wie eine liebevolle Mutter kann er sich nicht davon distanzieren, wie sie um ihre Existenz kämpfen und dabei scheitern, lieber verliert er selbst sein Leben, um sie davor zu bewahren, als sie zugrundegehen zu sehen. Eure Freude ist meine Freude, eure Not ist meine Not.

Das kann man auch daherreden, ohne wirklich zu verstehen, wie es dem andern geht. Dann kommt eingebildete sentimentale Anteilnahme dabei heraus. Du magst es ja gut meinen, aber du weißt doch gar nicht, was ich tatsächlich brauche. Du kümmerst

dich von oben herab; du willst mir gnädig sein aus deinem Überfluss. Aber so ist der gute Hirte nicht. Er *kennt* die Seinen und die
Seinen kennen ihn. Diese Gegenseitigkeit macht es aus. Das ist
glaubwürdige Begegnung auf Augenhöhe, wirkliches Verständnis,
gegenseitiges Vertrauen.

Die Fürsorge unsere Gesellschaft im Gesundheits- und Sozial-
wesen legt ebenfalls sehr viel Wert auf das Kennen, aber das ist
ein anderes Kennen. Auch in der Kirche scheint dieses andere Kennen die Norm zu sein. Es ist das Kennen als Fachkompetenz. Schaf-
herden Leuten zu überlassen, die keine Ahnung von Schafen haben, das geht nicht. Sie brauchen wenigstens ein Mindestmaß an
Fachkompetenz. Das ist nicht verkehrt, aber es ist einseitig, denn
ein Schafsexperte ist noch lang kein guter Hirte, so wenig wie ein
medizinischer Experte ein guter Arzt und ein theologischer Experte ein guter Pfarrer ist. Unsere Gesellschaft ist auf einem Auge
blind.

Das Übel dieser Einseitigkeit ist die grundsätzliche Unterschei-
dung von Hirte und Schaf. Hier ist der Arzt, der alles weiß und
kann, und dort ist das Behandlungsobjekt, das keine Ahnung hat.
Das versteht man in unserer Gesellschaft unter Professionalität.
Wo die Profis sind, da ist die Kenntnis und das Können.

Hier sind die Profis und dort sind die Nichtprofis als ihre
Gegenstände, so wie hier die Schafzüchter und dort die Schafe
sind. Klar, der professionelle Hirte kennt jedes mit Namen, wenigstens erkennt er es an der Marke im Ohr. Er verhandelt darüber, er schert es, er behandelt es artgemäß, damit die Wolle und
das Fleisch einen guten Preis erzielen. Dieser Geist des Geschäfts-
wesens hat sich im Gesundheitswesen breit gemacht und bestimmt
das gesellschaftliche Bild von Professionalität überhaupt: Wir sind
die Gebenden, wir kümmern uns schon um euch, ihr müsst uns
bloß machen lassen. Wir sind so professionell, dass wir sogar noch
besser wissen als ihr selbst, was ihr wirklich braucht. Ihr Migran-
ten und Asylanten beispielsweise. Wir sind die wahren Besserwis-
ser.

Wir, die Profis, kennen euch, aber wer wir sind, geht euch
nichts an. Der Kittel und der Titel soll euch Eindruck machen,
nicht der Mensch dahinter. Darum können in Zukunft auch Robo-
ter sehr viel von dem übernehmen, wozu wir uns heute noch her-
abzulassen haben. Sprechstunden zum Beispiel. Warum nicht auch
Seelsorge? Kennen Sie Nikodemus? Er tritt sofort ins Bild, wenn
man den ERF-Bibelserver im Internet öffnet: „Hallo, ich bin Nikodemus." Wie nett, wie hilfsbereit. Ein Profi, der immer für mich
ist. Wohlgemerkt, beim Evangeliumsrundfunk, wo sich doch alles
um den guten Hirten Jesus dreht. Es gibt keinen Nikodemus.

Man muss Informatikprofi mit ziemlich hoher Fachkompetenz sein, um zu kennen, welche Technik sich hinter Nikodemus auf dem Bildschirm verbirgt. Ich muss das nicht wissen und ich soll es auch nicht wissen. So wie ich nicht zu wissen brauche, welcher *Mensch* mein behandelnder Arzt, mein Steuerberater oder die Frau an der Kasse ist? Und wo deren Job eine Maschine übernehmen kann, ist es um so besser, oder nicht? Gut eingestellte Maschinen machen weniger Fehler als Menschen.

Aber *gute* Hirten sind anders und unsere Norm als Christen ist *der gute Hirte* schlechthin, den uns die Bibel verkündet und an den wir glauben. Darum sind wir Christen verantwortlich dafür, das andere Auge aufzumachen. Es ist das Auge des Herzens. Es stimmt schon: Man sieht nur mit dem Herzen gut.

Mit diesem Auge sehen wir die Mitmenschen nicht nur als Objekte wie ein Hüter die Schafe, dem es nicht um sie geht, sondern vor allem um seinen Gewinn. Mit diesem Auge sehen wir den andern nicht von Mensch zu Schaf, sondern von Mensch zu Mensch. Mit diesem geöffneten Blick werden wir uns zum Gegenüber. Wir fangen an, uns gegenseitig kennenzulernen. Das, was dich im Herzen bewegt, bewegt auch mich, und umgekehrt. Wir fangen an, uns wirklich zu verstehen.

Alle in einem Hirtenamt, die in dieser Haltung leben, sind und werden *gute* Hirten. Alle andern sind bestenfalls so etwas wie hochkompetente Mietlinge.

„Ihr seid das Salz der Erde", sagt der Gute Hirte Jesus, und fragt danach: „Was soll das Salz, wenn es nicht mehr salzt?" Wegwerfen kann man es, weil es nichts bewirkt.

Wenn es aber salzt, dann ist es die Heilkraft, die unsere schwer kranke Gesellschaft so dringend braucht.

8. Die Selbstlosigkeit des Sorgens

Philipper 2,19-21

19 Ich hoffe aber in dem Herrn Jesus, bald Timotheus zu euch schicken zu können, damit auch ich mich freue über das was, ich von euch weiß,
20 denn ich habe keinen Gleichgesinnten, der ohne Falsch für euch Sorge tragen wird;
21 denn alle suchen das Ihre, nicht aber das, was Jesus Christus zusteht.

In den Kapiteln 12-14 des ersten Korintherbriefs schreibt Paulus viel über die so genannten Geistesgaben. Zwischen dem 1. Korintherbrief und dem Philipperbrief liegen ein paar Jahre, allerdings wird es wahrscheinlich weniger als ein Jahrzehnt gewesen sein. Man muss immer aufpassen bei der Bibelauslegung, dass man keine unvorsichtigen Schlüsse aus dem zieht, was *nicht* gesagt wird, denn wenn etwas nicht gesagt wird, muss das noch lang nicht heißen, dass es kein Thema war. Man darf aber feststellen, dass im Philipperbrief, dem letzten überlieferten Brief von Paulus, der auch noch Vermächtnischarakter trägt - fast wie ein Testament, die Geistesgaben keine Erwähnung finden. Und doch gibt es einen engen Zusammenhang mit diesen drei Kapiteln im 1. Korintherbrief, und das ist sozusagen die Innenseite der äußeren Erscheinungen der Geistesgaben, die ihnen ihren Sinn gibt. Kapitel 12 und 14 schließen sich wie die Blätter einer Blüte um das Kapitel 13 dazwischen; es ist das berühmte so genannte „Hohelied der Liebe", das mit dem Bezug zu den Geistesgaben beginnt: Wenn ich alle diese Gaben im Höchstmaß hätte und die größten Wunder damit bewirken würde, nicht aber die Liebe, bekennt Paulus dort, „so wäre ich nichts. Und wenn ich alle meine Habe den Armen gäbe und ließe meinen Leib verbrennen, und hätte die Liebe nicht, so wäre mir's nichts nütze" (1Kor 13,2f). Das, was sowohl den Begabungen als auch aller Fürsorge den Wert gibt, daran lässt Paulus keinen Zweifel, ist die Liebe. Darauf sind die Blütenblätter ausgerichtet, von dorther erhalten sie ihre Kraft, und aus dieser lebendigen Mitte erwächst auch die Frucht. Und damit geht es um die Frage der wahren Motivation.

Darin liegt der unmittelbare Zusammenhang dieser Kapitel des 1. Korintherbriefs mit dem Philipperbrief, der sich auch dadurch zeigt, dass Paulus hier wie dort dasselbe Bild im Blick hat: Die Gemeinschaft der Christen ist ein *Organismus*, der sich mit dem menschlichen Leib vergleichen lässt. Wie der absolute Vorrang der

Liebe ein Hauptmerkmal der paulinischen Theologie ist, so ist auch das Bild von der Gemeinschaft der Christen als Organismus ein Hauptmerkmal. Der kann krank sein oder gesund, je nachdem, ob seine einzelnen Teile seiner Natur entsprechend miteinander und füreinander zum Besten des Ganzen wirken oder ob das Zusammenwirken gestört ist. „Gott hat den Leib zusammengefügt und dem geringen Glied höhere Ehre gegeben", schreibt Paulus in 1Kor 12, „damit im Leib keine Spaltung sei, sondern die Glieder in gleicher Weise füreinander sorgen" (1Kor 12,24f). In Kapitel 2 des Philipperbriefs, dessen erster Teil den Schwerpunkt der Aussage dieses Schreibens bildet, drückt sich Paulus ganz ähnlich aus, obwohl er das Bild des Leibs nicht ausdrücklich nennt: „ist nun bei euch Ermahnung in Christus, ist Trost der Liebe, ist Gemeinschaft des Geistes, ist herzliche Liebe und Barmherzigkeit, so macht meine Freude dadurch vollkommen, dass ihr *eines* Sinnes seid. Tut nichts aus Eigennutz oder um eitler Ehre willen, sondern in Demut achte einer den andern höher als sich selbst, und ein jeder sehe nicht auf das Seine, sondern auch auf das, was dem andern dient" (Phil 2,1-4). Nur so, fährt er in den weiteren Versen fort, entspricht es der „Gemeinschaft in Jesus Christus", denn in dieser Gesinnung lebte und starb Jesus. Nur so kann also überhaupt wirklich von Nachfolge Jesu gesprochen werden.

Genau wie der absolute Vorrang und Anspruch der Liebe ist also auch das Bild vom Organismus für die christliche Gemeinschaft ein zentrales Kennzeichen der paulinischen Theologie. Über weniger zentrale Aspekte der Anschauungen des Apostels Paulus kann man streiten; es gibt einen relativ breiten Rand seiner Aussagen, der aus einer Mischung von zeitlos gültiger Wahrheit, ziemlich emotionaler Auseinandersetzung mit seinen Gegnern, zeitbedingten Sichtweisen und einer gewissen Einseitigkeit der eigenen Theologie besteht, und das ist auch normal, denn Paulus war auch nur ein Mensch. Aber über diese beiden Kernpunkte seiner Lehre sollte man besser nicht streiten, denn sie repräsentieren die zeitlose Wahrheit des christlichen Glaubens mit ihrer unwahrscheinlich starken Veränderungskraft für die ganze Menschheit, die wahre Hoffnung; hier geht es um das Wesentliche des Christentums überhaupt, in dem alle Formen des christlichen Lebens hängen wie die Tür in der Angel, sofern sie dem ursprünglichen Geist, der Jesus bewegte und antrieb, noch irgendwie entsprechen. Und nur von dorther können wir ableiten, was das Sorgen füreinander eigentlich bedeutet, wenn es christlich sein will, oder auf Neudeutsch gesagt. Was *Christian Care* bedeutet.

Es gibt ein Sorgen mit Liebe und es gibt ein Sorgen ohne Liebe, stellt Paulus fest. Auch das verbindet den 1. Korintherbrief mit dem Philipperbrief: Paulus redet hier gar nicht vom Gegensatz der

Christen und der Heiden, sondern er richtet jetzt den Blick nur auf die Christen; *dort* findet er beides, und dass es unter ihnen so viel Lieblosigkeit gibt, auch wenn ihr Lobpreis trieft vom Gegenteil, macht ihm ernste Sorge. Auch Paulus konnte lieblos sein, auch manches, was er über Gegner und Abweichler schreibt, ist zu polemisch, zu hart und autoritär, nicht wirklich fair und zu kurzsichtig, wie wir im Nachhinein urteilen können; ich will nur ein Beispiel nennen: Das strikte Redeverbot für die Frauen. Wie gesagt: Auch Paulus war nur ein Mensch. Entscheidend für seine Glaubwürdigkeit ist aber, worauf es ihm vor allem ankam. „Nicht, dass ich es schon ergriffen habe oder schon vollkommen sei", bekennt er den Philippern in Kapitel 3, aber er streckt sich aus nach der Vollkommenheit, dem „vorgesteckten Ziel", wie er es ausdrückt, „ich jage ihm nach, ob ich es wohl ergreifen könnte, weil ich von Christus Jesus ergriffen bin" (Phil 3,12). Ergriffen zu sein vom Christus Jesus, das heißt auch die Vollkommenheit des Christus Jesus zum Ziel haben, und das ist unmissverständlich bei Paulus: Damit meint der die Vollkommenheit der Liebe des Christus Jesus, die vollkommene Liebe überhaupt. Ja, selbstverständlich muss auch Paulus bis zum Ende seines Lebens weiter das Lieben lernen, und zum Lernen gehört unvermeidlich, dass man Fehler macht. Dazu braucht man Geduld mit sich selbst und vor allem auch die Geduld der andern. Es geht nicht anders, hat er den Korinthern geschrieben: „Wenn *ein* Glied leidet, so leiden die andern mit."

Der Satz hat noch einen zweiten Teil: „Und wenn *ein* Glied geehrt wird, so freuen sich alle Glieder mit" (1Kor 12,26). Tatsächlich: „rühmen, preisen, ehren" heißt das griechische Verb hier im Text, und sogar „Verherrlichung" und „Verklärung" kann es meinen. Und doch mahnt Paulus die Philipper, nichts „um eitler Ehre willen" zu tun, sondern demütig zu sein - wie passt das zusammen? Es passt sehr gut zusammen, wenn wir genau betrachten, was hier wirklich steht: Das Wort für „Eigennutz" kann missverstanden werden als Weisung, bei allem Sorgen darauf zu achten, bloß keinen eigenen Nutzen davon zu haben, aber genau übersetzt redet Paulus von der *Selbstsucht.* Das ist der habgierige Eigennutz, der sich vor allem mit dem Ziel engagiert, selbst davon zu profitieren; die andern sind ihm nur Mittel zum Zweck. Es ist die Selbstsucht, die darum auch ganz leicht in Streit gerät, wenn die Habgier nicht zum Ziel kommt, also wenn die andern nicht mitspielen, und darum kann man auch „Streitsucht" übersetzen. Und mit der „eitlen Ehre" ist nicht gemeint, dass alle Ehre eitel ist, sondern Paulus verwendet ein eigenes Wort dafür, es heißt *Kenodoxía*, und das ist im Gegensatz zur wahrhaftigen Ehre die leere, nichtige Ehre: „Ruhmsucht" ist eine passende Übersetzung. Das gibt ein völlig anderes Bild als das, was wir aus großen Teilen der christlichen

Überlieferung kennen, wo das Streben nach Ehre schlechthin verurteilt wird und die Demut der prinzipielle Verzicht darauf sein soll. Diese Interpretation hat sehr großen Schaden angerichet , in der Kirche und durch die Kirche, und seit jeher dem Machtmissbrauch kirchlicher Autoritäten (bis hin zum sexuellen Missbrauch) den roten Teppich ausgerollt.

Wie gesagt, auch Paulus hat autoritäre Züge, aber darum geht es hier nicht. Worum dann? Es geht um die Selbstlosigkeit des Sorgens nach der Goldenen Regel. Ehre zu bekommen ist eines der tiefsten und wichtigsten geschöpflichen Bedürfnisse des Menschen. Wir haben heute schöne, passende Begriffe dafür: Anerkennung, Wertschätzung, Achtung, Respekt. Bei der Ehre geht es um die Würde. Jede und jeder von uns sehnt sich sehr nach Anerkennung. Was du willst, das gib den andern, sagt die Goldene Regel. Nicht als Mittel zum Zweck der Selbstsucht sollst du es geben, sondern aus dem Herzen. Freiwillig, weil du es gern tust. Wahre deine Würde, indem du gibst, statt zu fordern. Du möchtest gern von deinem Kind respektiert werden? Dann gehe zuerst respektvoll mit ihm um! Nicht mehr von oben herab, sondern von unten herauf, nicht herrschend, sondern dienend. Das heißt Sorge ohne Falsch füreinander tragen. Das erlebt Paulus anscheinend mit Timotheus und darum fühlt er sich auch hier im Gefängnis nicht trostlos alleingelassen, und das erlebt Timotheus hoffentlich auch mit ihm. Und das gibt Paulus mit seinem Brief den Philippern als Modell auch der Gemeinschaft mit ihnen und unter ihnen vor. So entspricht es der Gemeinschaft in Christus. Das ist es, was „Christus zusteht", oder auch: was Christus entspricht, je nachdem, wie man es übersetzt.

Aber Paulus ist auch tief enttäuscht: „Alle suchen das Ihre". Wirklich alle? Nein, sicher nicht buchstäblich alle. Aber leider viele und womöglich viel zu viele. Damit ist es auf den Punkt gebracht: So sieht das Sorgen ohne Liebe aus. Sorgen ohne Liebe ist ein Produkt der Selbstsucht.

Die große Kraft des Sorgens füreinander in der dienenden Haltung Jesu, Salz der Erde, Licht der Welt, Lampe auf dem Leuchter, Leuchtturm auf dem Berg: Wo ist sie denn? Was verändert sie denn? Es bringt uns nicht weiter, wenn wir darüber spekulieren, jammern und schimpfen, wie es anderswo ist in der Kirche und in der Welt. Kritisch wachsam wahrnehmen müssen wir die Entwicklungen schon, damit wir uns nicht mit Erscheinungsformen des Christentums solidarisieren, wo ganz offensichtlich eine andere Haltung eingenommen wird: die Haltung egoistischer Gleichgültigkeit und die Haltung des Herrschens. Abgesehen davon kommt es für mich und für dich aber nur auf das *eine* an: Dass wir uns fragen, was die Sorge und das Sorgen für uns selbst bedeuten. Der üble Sorgengeist und der gute Geist des Sorgens füreinander bilden miteinander das Kampffeld unseres christlichen Lebens, und sogar noch viel mehr: das Kampffeld der Ethik überhaupt. Der Siegeskranz, nach dem Paulus sich ausstreckt, ist für den Sieg der Liebe verheißen, und das ist immer auch der Sieg wahrer Menschlichkeit, sonst *ist* es keine Liebe, auch wenn es noch so christlich tönt. Es ist nicht der Sieg „der Guten" über „die Bösen", sondern der Sieg der Liebe über die Lieblosigkeit. Der üble Sorgengeist widersetzt sich mit aller Macht dem Sieg der selbstlosen Liebe, denn selbstlos sein heißt frei sein von seiner Herrschaft, sorgenfrei statt von der Sorge versklavt, wenn auch mitten in Angst. Die sorgenfreie Selbstlosigkeit vertraut mutig *trotz* der Angst. Sie lässt los. Loslassen ist Freiwerden von der Selbstsucht. Das kann ungeheuer viel Mut erfordern, aber es ist auch alternativlos.

Jeder Schritt des Loslassens um der Liebe willen ist aller Ehre wert. Da ist ein Mensch, so einer wie Timotheus, bei dem etwas davon spürbar wird, dass er lieber gibt als nimmt. Eine Person, die von Herzen gern dienen möchte, möglichst mit dem, was sie am besten kann. Gebt ihr die Anerkennung, nach der sie sich sehnt. Lasst sie wissen, wie wichtig sie ist für euch, wie sehr ihr sie braucht. Fördert sie mit Nachdruck und aus ganzem Herzen, damit sie ihr schönes Potenzial im Organismus der Gemeinschaft so gut es geht entfalten kann. Helft ihr auf, wenn sie erniedrigt ist. Stellt sie in die Mitte wie Jesus es mit den verachteten Kindern tat, geht zu ihr an den Rand, wenn sie eine Außenseiterin ist, wie Jesus es mit den verachteten Frauen und Gescheiterten tat. Geht zu ihr hinaus und gebt ihr besonders viel Respekt, wenn sie noch weniger ist als eine Außenseiterin, eine Persona non grata, nicht erwünscht, ein Mensch, der gar nicht erst dazugehört. Habt Geduld und Toleranz, *so wie auch ihr es euch von den andern wünscht*. Dann ist sie ein Segen, diese andere Person, und dann seid ihr ein Segen. Dann seid ihr euch gegenseitig eine Freude und dann bestimmt die Freude euer Miteinander. Dann lasst ihr eure Lichter brennen, ja, und es wird heller in der dunklen Welt.

9. Das Maß des Sorgens

Johannes 12,4-6

4 *Es sagte aber Judas, der Iskariote, aus dem Kreis der Jünger, der ihn ausliefern wollte:*

5 *Ob man diese Salbe nicht besser für 300 Denare verkauft und das Geld den Armen gegeben hätte?*

6 *Das sagte er aber nicht, weil er um die Armen besorgt war, sondern weil er ein Dieb war und das Geldkästchen hatte und die Eingaben unterschlug.*

Was war geschehen? Johannes zufolge hatten Marta und Maria, die Schwestern des Lazarus, dessen Auferweckung aus dem Grab er im vorherigen Kapitel erzählte, für Jesus eine Woche vor der Kreuzigung bei sich zuhause in Betanien, direkt am Stadtrand von Jerusalem, ein Essen gerichtet; „und Marta diente ihm", berichtet Johannes; „Lazarus aber war einer von denen, die mit ihm zu Tisch saßen. Da nahm Maria ein Pfund Salböl von unverfälschter, kostbarer Narde und salbte die Füße Jesu und trocknete mit ihrem Haar seine Füße; das Haus aber wurde erfüllt vom Duft des Öls" (Joh 12,2f).

Markus und Matthäus berichten auch davon, aber anders. Bei ihnen ist es eine Frau, deren Name unbekannt bleibt. Sie salbt nicht die Füße und trocknet sie nicht mit ihren Haaren, sondern sie zerbricht das Glas über seinem Kopf und gießt das Öl darauf. Dass Judas sich beschwert, wird nicht erwähnt, sondern dass „einige unwillig" wurden, und die „fuhren sie an", schreibt Markus (Mk 14,3-5). Matthäus lässt das Anfahren weg, ergänzt aber, dass es sich bei den Unwilligen um die Jünger Jesu handelte, also durchaus nicht nur um Judas.

Die beiden Schwestern und ihr Bruder Lazarus kommen bei Matthäus und Markus gar nicht vor. Erst Lukas, der sein Evangelium damit begründet, dass er die Geschichte Jesu genauer darstellen möchte als seine Vorgänger, genauer als Markus und Matthäus, führt sie ein, aber von ihrem Bruder Lazarus erwähnt er nichts. Wohl aber von einem Essen bei ihnen zuhause mit Jesus, wo wie im Johannesevangelium Marta die Gäste versorgt. Unwillig werden nicht die anwesenden Jünger, sondern Marta. Jesus nimmt Maria in Schutz, als sich Marta heftig bei ihm darüber beschwert, dass Maria ihr nicht hilft und sich stattdessen zu Jesus gesetzt hat, um ihm zuzuhören: „Marta, Marta, du hast viel Sorge und Mühe. Eins aber ist not. Maria hat das gute Teil erwählt; das soll nicht von ihr genommen werden" (Lk 10,42). Auch bei den andern drei Evangelisten nimmt Jesus die namenlose Frau, in der Johannes Maria erkennt, in Schutz, jeweils mit denselben Worten, wenn sie auch bei Johannes verändert sind. Dort sagt er zu Judas: „Lass sie in Frieden! Es soll gelten für den Tag meines Begräbnisses" (Joh 12,7f). „Es soll gelten"? Das liest sich so, als sei das gar nicht ihr eigenes Motiv gewesen. Warum hat sie es dann getan? „Lasst sie in Frieden! Was betrübt ihr sie?" sagt Jesus bei Matthäus und Markus. Er will nicht, dass sie bloßgestellt, peinlichen Fragen ausgesetzt, beschämt und erniedrigt wird für ihr Verhalten. „Sie hat getan, was sie konnte", fügt Jesus bei Markus hinzu (Mk 14,6.8).

Zwei Gemeinsamkeiten haben die drei Varianten bei Markus, Matthäus und Johannes, und das verbindet sie wiederum mit der Szene bei Lukas, als Marta den Gästen dient und Maria Jesus zu Füßen sitzt: Maria versinnbildlicht erstens eine Frau, die es um der Liebe willen wagt, eine Art des Sorgens zu verwirklichen, die gesellschaftlich gesetzte Grenzen überschreitet, und dadurch zur Zielscheibe der Empörung wird. Zweitens lässt sie sich dabei nicht von äußeren Berechnungen bestimmen, sondern ihr *Herz* bewegt sie dazu. Sie denkt nicht erst so lang darüber nach, bis ihr genug Gründe dafür in den Blick gekommen sind, es besser doch nicht zu tun. Sie handelt spontan, weil sie empfindet, dass es jetzt dran ist. Jetzt, in diesem Moment, so sagt ihr Herz, bleibe ich meiner Überzeugung nur treu, indem ich so handle, egal, was die andern darüber denken und egal, ob es sich rechnet.

Bei Johannes kommt das nicht zuletzt darin zum Ausdruck, dass sie im Gegensatz zu den Berichten von Markus und Matthäus Jesus nicht wie einem König das Haupt salbt, sondern sich genau wie die so genannte „Sünderin" im Lukasevangelium liebevoll der Pflege seiner müden und durch das Wandern verschmutzten Füße widmet und sich dabei nicht zu schade ist, nach dem Waschen ihr eigenes Haar zum Trocknen herzunehmen und besonders kostbare Salbe zu verwenden. Diese ebenfalls nicht beim Namen genannte Frau im Lukasevangelium begab sich dafür auch noch in die Höhle des Löwen, weil Jesus gerade Gast bei einem Pharisäer war, der für solche wie sie nur Verachtung übrig hatte.

In der Lukasgeschichte von Marta und Maria wird deutlich, dass Maria im Gegensatz zu Marta mit dem Achten auf die Stimme ihres Herzens nicht nur für ihr Gegenüber sorgt, sondern genauso auch für sich selbst. Die Evangelien lassen keinen Zweifel daran, dass Jesus völlig davon beseelt war, die Menschen in das Geheimnis der wahren Gemeinschaft in wahrer Liebe und wahrem Frieden einzuführen und dass man ihm keine größere Freude machen konnte, als sich darauf einzulassen und ihm wirklich zuzuhören. Genau das spürt Maria jetzt, als er bei ihnen einkehrt, genau das ist jetzt dran, und indem sie es wagt, sich jetzt dafür zu entscheiden, tut sie auch für sich selbst das Beste. Marta lässt sich vom Sorgengeist bestimmen, von dem, was „man" zu tun hat als Frau in so einer Lage, und darum ist sie überhaupt nicht offen dafür, sich jetzt von Jesus beschenken zu lassen. Maria hingegen wendet sich dem *Einen* zu, was jetzt *wirklich* nötig ist.

Nötig ist immer das, was jetzt gerade wirklich *gebraucht* wird. Und was heißt das? Die Kritiker der hingebungsvollen Frauen in den Evangelien, die der Stimme ihres Herzens folgen, definieren das Nötige als das, worauf man um der Kalkulation willen nicht verzichten sollte. Zum Beispiel braucht ein Wirtschaftsbetrieb, wenn er langfristig gut funktionieren soll, eine ausreichende Versorgung der Angestellten, wenn ihm nicht genügend Manpower zur Verfügung steht, die er beliebig verschleißen kann. Die Angestellten müssen sich regenerieren können und zufrieden genug sein, um nicht zu streiken oder zu kündigen. Nur wenn sie abhängig sind wie die Sklaven und sich nicht wehren können, rächt es sich nicht, wenn man das Sorgen für sie bleiben lässt, außer dem Minimum des Überlebens. Ja, auch das ist eine Art des Sorgens, aber eine völlig andere als die ursprünglich christliche. Dem steht das Sorgen entgegen, das wir von Jesus kennen: Es kommt nicht aus der Berechnung, sondern aus dem Herzen, es ist ganz mütterlich, von Liebe, Mitgefühl und Erbarmen bewegt.

Oberflächlich betrachtet haben die Kritiker dieser Frauen recht: Wo kämen wir denn hin, wenn wir die Ressourcen aus spontanen Regungen heraus verschwenden würden? Haushalten müssen wir! Ja, haushalten, das stimmt, aber wie und wofür? So wenig wie möglich ausgeben, der Verlust darf nie größer sein als der Gewinn, argumentieren die Kritiker. So viel wie möglich tun, damit es allen Menschen gut geht, antwortet das mütterliche Herz.

Das ist zweierlei Maß: Entweder bestimmt die Ökonomie das Maß des Sorgens oder das Sorgen bestimmt das Maß der Ökonomie. Entweder herrscht der Geist des Geldes oder der Geist des Erbarmens. Entweder schlägt unser Herz für den Mammon oder es schlägt für Gott. Gott ist dort, wo die Liebe mehr gilt als das Geld. So sah es Jesus, das hat er gelebt und gelehrt.

Judas ist ein Symbol für den Verrat an der Sache Jesu. Sein Argument gegen Maria sieht so aus, als ginge es ihm mehr um die Notleidenden als ihr: Diese Narde hätte man für viel Geld verkaufen und mit dem Geld den Armen helfen können! „Das sagte er aber nicht, weil er um die Armen besorgt war, sondern weil er ein Dieb war und das Geldkästchen hatte und die Eingaben unterschlug", kommentiert Johannes. Dies scheint die andern Kritiker zu entlasten, denn sie werden sich wohl kaum alle aus der gemeinsamen Kasse bereichert haben. Diebe im engeren Sinn waren sie nicht. Aber die Varianten der Geschichte bei Markus und Matthäus rücken das zurecht: Egal, ob Judas ein regelrechter Dieb war oder nicht: Im Prinzip dachten die andern auch so wie er.

Jeder ist ein Dieb, der das Geld höher achtet als das Erbarmen, denn er verweigert seiner wirtschaftlichen Prioritäten wegen denen die Zuwendung, die sie jetzt gerade von ihm brauchen. Er hört nicht mit dem Herzen, er achtet nicht auf sie, er hört nicht hin, er hört nicht zu, er *schaut* nicht hin, er schaut weg und geht über ihre Not hinweg. Von Lazarus, dem Bruder der Schwestern Marta und Maria, redet Lukas nicht, wohl aber von einem anderen Lazarus, den Jesus zur Hauptfigur eines Gleichnisses machte (Lk 16,19ff). Den hat er nicht von den Toten auferweckt, der ist definitiv gestorben an den Folgen seiner Armut. Der hatte sein Dasein zu Füßen eines Reichen gefristet, vor dessen Palast er mit seinem Bettlerschüsselchen saß und aus dessen Abfällen er sich herauspicken durfte, was noch genießbar war. Ein geduldeter Almosenempfänger, dem man immer wieder mal ein Bröckchen zukommen lassen konnte, um sich und den andern dadurch zu beweisen, dass man doch auch ein Herz für die Bedürftigen hatte. Aber dieser Reiche hörte nicht auf sein Herz, er hörte nicht hin, er sah den Armen nicht in seiner Not, er übersah ihn und er ging über ihn hinweg.

Solche Mammondiener mögen große Stifter sein, dafür höchste Orden bekommen und sich für die wahren Wohltäter halten. Aber sie werden nicht ihre Prioritäten ändern: Zuerst kommt das Geld, zuerst die Sicherung und Vergrößerung des eigenen Besitzes, dem hat sich alles andere unterzuordnen. Was sie geben, muss sich rechnen. Ein Teilen wird nicht daraus und schon gar nicht ein echtes Opfer um der Liebe willen. Alles, was sie geben, können sie sich ohne Weiteres leisten. Eigentlich kostet es sie gar nichts. Aber diesen einen Lazarus zu sehen und zu fragen, was er jetzt gerade braucht, um endlich einmal aus seiner chronischen Not herauszukommen, das würde sie ein bisschen Mühe kosten, ein bisschen Hinschauen und Zuhören, ein bisschen Mitgefühl, ein bisschen Bereitschaft zu ein wenig mehr Großzügigkeit als sonst. Wenigstens das. Ein bisschen mütterliches Erbarmen.

Der Charakter des Almosengebens der Mammondiener kehrt sich bei diesen Frauen, symbolisiert in der Lazarusschwester Maria, völlig um. Das Maß des Sorgens ist ein völlig anderes. Bei den Mammondienern lautet das Motiv: Was schmeichelt mir genug, damit ich mich als Wohltäter feiern und feiern lassen kann, und was muss ich gerade noch einberechnen, um meine Angestellten und Sklaven bei der Stange zu halten? Hier lautet das Motiv: Was sehen meine Augen, wenn ich *nicht* wegschaue, was will mein Herz erreichen und bewegen? Was brauchst du hier und jetzt von mir, egal ob reich, ob arm? Egal ob du jetzt gerade mein Geber bist oder mein Empfänger?

Hier, bei diesen Frauen in den Evangelien, die es wagen, um der Liebe und um des Erbarmens willen mutig über die Grenzen hinwegzugehen, die der Sorgengeist diktiert, zeigt sich das wahre Maß eines Sorgens im christlichen Geist. Jesus hat sich schützend und bestätigend vor sie und zu ihnen gestellt und besonders auch die mit eingeschlossen, die wie die Kinder besonderen Schutz brauchen, weil ihre Herzensbewegung nicht gut genug von einem Verstand begleitet wird, der die Folgen einschätzen und uns deshalb davor bewahren kann, uns allzu sehr zu verausgaben und auf das Wohlwollen anderer zu hoffen, wo wir es besser nicht erwarten sollten. Auch die Herzbewegten müssen lernen, um die Freude des Schenkens und Dienens nicht mit Unvernunft zu verwechseln. Aber das eine dürfen sie nie verlernen, das eine, das Not tut: Mit den Augen des Herzens zu sehen, danach zu handeln und das stets den Diktaten des Sorgengeists vorzuziehen.

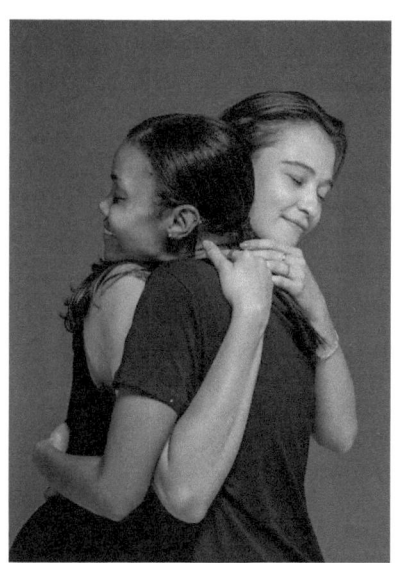

10. Die Pflicht des Sorgens

1. Korinther 9,9-10

9 *Denn im Gesetz des Mose steht geschrieben: Du wirst dem*
Dreschochsen keinen Maulkorb anlegen. Ist Gott etwa um die
Dreschochsen besorgt
10 *oder spricht er von uns allen? Denn es ist über uns geschrieben,*
weil es uns darauf verpflichtet, dass der Pflüger auf Hoffnung
pflügt und der Drescher auf Hoffnung drischt, um seinen Teil zu
bekommen.

Diese Bibelstelle ist ein Beispiel für eine sehr häufige Art der
Auslegung. Das Fachwort dafür heißt *Allegorese*. Bekannter ist das
Wort *Allegorie*. Es kommt aus dem Griechischen und meint genau
genommen „anders reden". Allegorien sind Sinnbilder, und die al-
legorische Auslegung gibt dem Text eine sinnbildliche Bedeutung.
Dann sagt der Text also nicht buchstäblich das, was da steht.

„Der Buchstabe tötet, aber der Geist macht lebendig", schreibt
Paulus im 2. Korintherbrief und lässt der bekannten Aussage die
allegorische Deutung der alttestamentlichen Erzählung von Mose
folgen, der nach seiner Gottesbegegnung eine Decke über den Kopf
hängte, um die versammelte Gemeinde nicht durch den Glanz zu
erschrecken, der sich auf sein Gesicht gelegt hatte. Die Geschichte
steht im 2. Buch Mose. Um sie allegorisch zu deuten, wie er es
will, muss Paulus etwas in sie hineinlesen, was da gar nicht steht:
Mose habe das getan, „damit die Israeliten nicht sehen konnten
das Ende der Herrlichkeit, die aufhört", behauptet er (2Kor 3,13).
Er interpretiert das so, weil er die Decke vor dem Gesicht zum
Sinnbild für den Zustand der Juden macht, die noch dem Alten Testament verhaftet sind und sich dem Evangelium verschließen. Der
Glanz des Alten Bundes ist verblasst, will er sagen, aber die Juden
wollen es nicht wahrhaben. Es ist so, als würden sie sich aus
Scham zur Leugnung des Verblassens eine Decke vor die Augen
hängen. Salopp gesagt: Sie haben ein Brett vor dem Kopf.

Das Wort „allegoréo" selbst, „anders reden", kommt nur an
einer Stelle im Neuen Testament vor, ebenfalls bei Paulus, und
zwar im Galaterbrief. Da sagt er von sich selbst: Was ich jetzt
schreibe, ist allegorisch geredet (Gal 4,24). Es handelt sich um
denselben Zusammenhang wie bei der sinnbildlichen Deutung der
Decke vor den Augen. Er greift jetzt die Geschichte von Hagar und
Sara aus dem ersten Mosebuch auf. Die schöne Jahreslosung für
2023 war ihr entnommen: „Du bist ein Gott, der mich sieht" (Gen
16,3). Das sagt Hagar. Aber die schützende und rettende Sorge Got-

tes für die ägyptische Sklavin Hagar, die vor der Erniedrigung durch ihre stolze Herrin Sara mit ihrem Baby Ismael flieht, kann Paulus für seine Allegorese jetzt nicht brauchen, wohl aber die Fortsetzung der Geschichte ein paar Kapitel danach. Da drängt Sara ihren Gatten Abraham, der Ismael als Erben gezeugt hat, weil sie selbst unfruchtbar zu sein scheint, zu einer furchtbaren Entscheidung: Er soll die zurückgekehrte Konkurrentin buchstäblich mit ihrem Kind zusammen in die Wüste schicken; und Abraham ist nicht Manns genug, um es zu verweigern. Brutaler geht es kaum. Wieder erbarmt sich Gott, rettet die beiden und macht aus Ismael ein großes Volk. Aber Paulus macht etwas ganz anderes aus der Erzählung: Er zitiert Saras Forderung: „Stoß die Magd hinaus mit ihrem Sohn; denn der Sohn der Magd soll nicht erben mit dem Sohn der Freien" (Gal 4,30; Gen 21,10). Und das deutet er allegorisch: Sara und Abraham sind ihm Sinnbild des Christentums, Hagar und Ismael Sinnbild des Judentums.

Paulus hatte ein ambivalentes Verhältnis zu seinen jüdischen Schwestern und Brüdern. Einerseits war er selbst ein fanatischer ultraorthodoxer Pharisäer gewesen. Davon hatte er nun wirklich genug und er war darum gar nicht gut auf deren Gesetzlichkeit zu sprechen. Seit seiner Bekehrung hatte er aber auch schwere, sehr verletzende Anfeindungen von dorther bekommen und besonders schmerzlich für ihn muss gewesen sein, dass sich gesetzliche jüdische Christen ihm gegenüber ähnlich verhielten. Das war der Anlass für den Galaterbrief. Andererseits weiß er sich dem Judentum aber auch zutiefst verbunden. Doch wir wissen leider nur zu gut, was aus diesen Allegoresen von Christen und Nichtchristen gemacht wurde, die das jüdische Volk verachteten und hassten. Viele Christen, auch scheinbar ganz bibeltreue, leiteten aus der allegorischen Deutung des Paulus die Rechtfertigung der Judenermordung ab. Hitler führte demnach aus, was Paulus forderte: Sie sind verstockt und verblendet - stoßt sie hinaus.

Halten wir fest: Allegorische Bibelauslegung kann scheinbar gute Gründe dafür liefern, sich dem Mitgefühl und der Sorge für andere, über die sich der liebevolle mütterliche Gott erbarmen will, zu entziehen.

Auch in diesen beiden Versen des ersten Korintherbriefs begegnen wir der allegorischen Auslegung einer alttestamentlichen Bibelstelle, sie findet sich im 5. Mosebuch (Deut 25,4). Paulus legt sich darauf fest, sie *nicht* buchstäblich zu verstehen. Es liegt ja auch wirklich nah, den Satz „Du sollst dem Ochsen, der da drischt, nicht das Maul verbinden", geradezu als ein Sprichwort auf Menschen anzuwenden. Aber es ist schon pikant, dass Paulus die rhetorische Frage stellt, ob Gott sich etwa um die Ochsen sorgt, denn im mosaischen Gesetz ist es buchstäblich so gemeint. Es geht dort um das Prinzip des Sorgens nach dem Willen Gottes. Dies ist ein Gebot im Namen Gottes, sich nicht nur der Sorge anderer Menschen gegenüber verpflichtet zu wissen, sondern auch den Tieren gegenüber, die man für sich arbeiten lässt. Daran schließt sich natürlich erst recht unmittelbar an: Vor allem auch den Menschen gegenüber, die man für sich arbeiten lässt; auch denen aus dem Ausland, mit einem anderen Glauben und einer anderen Kultur und mit wenig oder gar keinen Privilegien hier in der Fremde, also auch und gerade einer Hagar und einem Ismael gegenüber.

Ja, lieber Paulus, der Gott Israels sorgt sich ganz sicher um die Dreschochsen, und sonst stünde es auch nicht so in der Bibel Israels, und sogar um die Pflanzen sorgt er sich, sonst stünde dort nicht das Gebot des Sabbatjahrs, in dem die Natur sich selbst überlassen bleibt, um sich regenerieren zu können. Aber um seiner allegorischen Deutung willen geht Paulus darüber hinweg. In diesem Fall können wir das auch ganz gut nachvollziehen. Wie so oft in seinen Briefen hat er nämlich ein ganz konkretes Problem vor Augen. Der spätere erste Timotheusbrief kommt auf denselben Satz vom Ochsen zurück und fügt ihm einen zweiten hinzu, der konkretisiert, worum es auch im Brief an die Korinther geht: „Der Arbeiter ist seines Lohnes wert" (1Tim 5,18). Das sagt Jesus, als er seine Jünger aussendet, um zu predigen und zu heilen (Lk 10,7). Im Timotheusbrief wird das Wort auf die Versorgung der Ältesten angewendet, ausgehend von der Finanzierung des apostolischen Auftrags bei Paulus.

Wir tun gut daran, diesen neutestamentlichen Bezugspunkt nicht vom ursprünglichen alttestamentlichen zu lösen, sonst wird eine Verkürzung und womöglich sogar eine Vergeistlichung daraus: Als seien bei der Pflicht des Sorgens im Neuen Testament nur geistliche Ämter im Blick oder als sei gar nicht einmal die Pflicht gemeint, sondern allein das Vertrauen, dass Gott schon irgendwie für uns sorgen wird, wenn wir seinem Ruf folgen, was der Zusammenhang im Lukasevangelium gar nicht so abwegig erscheinen lässt, wenn Jesus dort sagt: „Siehe, ich sende euch wie Lämmer mitten unter die Wölfe. Tragt keinen Geldbeutel bei euch, keine Tasche und keine Schuhe" (Lk 10,3f). Auch Paulus scheint das Zitat vom Ochsen nur anzuführen, um festzuhalten, dass es *eigentlich* so recht und billig ist, dann stellt er jedoch für sich selber klar: „Ich aber habe von alledem keinen Gebrauch gemacht. Ich schreibe auch nicht deshalb davon, damit es nun mit mir so gehalten werden sollte. Lieber würde ich sterben - nein, meinen Ruhm soll niemand zunichte machen!" Und dann: „Was ist denn nun mein Lohn? Dass ich das Evangelium predige ohne Entgelt und von meinem Recht am Evangelium nicht Gebrauch mache" (1Kor 9,15.18).

Er scheint sehr stolz auf seine äußere Unabhängigkeit zu sein, aber er lebt sie nicht buchstäblich so wie in der Anweisung Jesu für die ersten Jünger, sondern versucht, sich wenigstens zeitweise seinen Lebensunterhalt selbst im früher einmal erlernten Handwerk als Zeltmacher zu verdienen (Apg 18,3). Wie weit ihm das gelingt, steht auf einem andern Blatt. Ein wesentliches Motiv des Philipperbriefs ist jedenfalls der Dank, aber auch die Notwendigkeit, von den Adressaten mit dem versorgt zu werden, was er zum Leben braucht.

Sich abhängig zu machen heißt zu arbeiten, um Lohn dafür zu bekommen. Das taugt nicht als Motiv für eine Arbeit, die dazu beiträgt, dass Gottes Reich kommt und sein Wille geschieht. Arbeiten müssen, um Geld zu verdienen, ist etwas anderes als Berufung. Jede Berufung ist um ihrer selbst willen da, und jede Person, die sich ihrer Berufung bewusst ist, bleibt auch dabei, wenn es sich finanziell nicht für sie lohnt. Das motiviert Paulus: Er möchte frei bleiben, nicht abhängig sein, *fast* um jeden Preis. Aber *nur fast*, denn wenn er auch als alter Mann gelernt hat, mit der Armut genauso zurechtzukommen wie mit dem Wohlstand, hat er es doch auch erst lernen *müssen*, und das war ein langer und harter Reifungsweg. *Nur fast*, weil auch der innerlich unabhängige Mensch *angewiesen* ist: Ich bin nicht abhängig von euch, aber ich brauche euch. „Ich kann satt sein und hungern", schreibt Paulus den Philippern aus dem Gefängnis, aber wer zu viel hungert, leidet zu viel Mangel, und übergroßer Mangel raubt uns die Ressourcen, irgendwann und irgendwie geht jeder Mensch daran kaputt, auch wenn er seine Unabhängigkeit und Würde bis zuletzt bewahrt.

Paulus spricht vom selbstverständlichen *Recht*: Der Arbeiter ist seines Lohnes wert. Er soll keinen Mangel leiden. Für sich selbst macht Paulus eine gewagte Ausnahme, die er aber auch nicht sein ganzes Leben lang durchhalten kann. Auch er ist angewiesen, das heißt: Er braucht die andern. *Das Recht auf Versorgung der einen ist die Pflicht des Sorgens der andern.* Das betrifft nicht nur das Sorgen für Apostel und dergleichen, sondern genauso auch unterprivilegierte Ausländerinnen - und sogar buchstäblich die Ochsen.

„Wenn ein Bruder oder eine Schwester Mangel hätte an Kleidung und an der täglichen Nahrung und jemand unter euch spräche zu ihnen: Geht hin in Frieden, wärmt euch und sättigt euch!, ihr gäbet ihnen aber nicht, was der Leib nötig hat - was könnte ihnen das helfen?" Das fragt Jakobus, erster Gesamtleiter der Urgemeinde in Jerusalem, die Mitchristen in seinem Hirtenbrief an die ganze internationale Gemeinde, die so bald schon im Begriff waren, die Pflicht des Sorgens nicht mehr ernst zu nehmen. Und dann gibt er selbst die Antwort: „So ist auch der Glaube, wenn er nicht Werke hat, tot in sich selber" (Jk 2,15-17). Das ist Klartext.

Wohlstand ist eine schöne Gabe. Aber durch den Ungeist der Sorge wird die Gabe zum Raub an denen, die aus Habgier, Geiz und Gleichgültigkeit keinen Teil daran bekommen, um ihrem Mangel abzuhelfen. Die Pflicht der Sorge macht die Gabe zur Aufgabe.

Der Pflüger pflügt auf Hoffnung, schreibt Paulus, der Drescher drischt auf Hoffnung. Er darf hoffen auf Gerechtigkeit, denn der Arbeiter ist seines Lohnes wert. Wir sind gegenseitig darauf angewiesen, dass unsere Hoffnung nicht enttäuscht wird. Wir brauchen einander. Irgendwann stirbt die Hoffnung, wenn eine Enttäuschung der andern folgt. Wir müssen uns gegenseitig mehr Anerkennung geben, mehr Bestätigung für unser Pflügen und Dreschen, mehr Dankbarkeit, mehr Wertschätzung. Auch mit Worten, ja, ganz sicher, ja, ganz ohne Maulkorb, aber vor allem mit der Tat, denn sonst ist es letztlich nur dahergeredet. Es ändert sich nichts.

Nur so ist der Glaube lebendig. Das ist alternativlos. Das ist Pflicht.

11. Die Vernunft des Sorgens

Titus 3,8

8 *Vertrauenswürdig ist das Wort; und ich will, dass du in der Sa-*
che Zeugnis ablegst, damit die, welche Gott vertrauen, darauf be-
dacht seien, sich guter Werke zu befleißigen; dies ist den Men-
schen gut und nützlich.

„Vertrauenswürdig ist das Wort." Damit werden die ersten 7
Verse des letzten Kapitels im Titusbrief abgeschlossen. Das soll, so
wie das Amen, wie eine Unterschrift mit Stempel wirken. Luther
hat das mit der prägnanten Formel „Das ist gewisslich wahr" ausgedrückt. Was ist gewisslich wahr? Es geht in diesen Versen um
das „Verhalten des Christen in der Welt", heißt die Überschrift in
der Elberfelder Bibelübersetzung. Zusammengefasst steht da:

▶ Die Christen sollen der staatlichen Ordnung gegenüber eine
konstruktive Haltung einnehmen, in deutlichem Gegensatz zu
dem, was in aller Welt üblich ist.
▶ Grund dafür ist die „Erneuerung des heiligen Geistes" durch
den Glauben an „die Freundlichkeit und Menschliebe Gottes",
die in Jesus erschienen ist.

Das bedeutet: Für uns Christen ist die „Freundlichkeit und
Menschenliebe Gottes" Beweggrund unserer eigenen Haltung der
Freundlichkeit und Menschenliebe. Davon ist das Verhältnis der
Christen zur staatlichen Ordnung bestimmt und darin erweist sich
die erneuernde Wirkung des Heiligen Geistes in den Christen und
ihrer Gemeinschaft.
Wie verhält sich alle Welt der staatlichen Ordnung gegenüber?
Der Abschnitt gibt ein paar Stichworte: Unverständig, ungehor-
sam, in die Irre gehend, versklavt unter „Begierden und Gelüste",
in „Bosheit und Neid" lebend, hässlich und von Hass bestimmt.
Dem stehen die Stichworte zum erneuerten Verhalten der Christen
gegenüber: „niemanden verleumden, nicht streiten, gütig sein, alle
Sanftmut beweisen gegen alle Menschen." Darum gut geht es bei
den „guten Werken", derer sich alle befleißigen sollen, die auf den
Gott vertrauen, der sich in Jesus den Menschen offenbart hat, und
diese guten Werke erweisen sich wiederum darin, dass sie „den
Menschen gut und nützlich sind". Anders gesagt: Darin, dass sie
der menschlichen Gemeinschaft wirklich gut tun und dass ihr Nutzen dementsprechend auch für alle, die sich ernsthaft Gedanken
darüber machen, gut erkennbar ist.

Für alle gut erkennbar? Nun, das steht nicht so im Text. Trotzdem muss es herausgestellt werden. Das fordert die Freundlichkeit und Menschenliebe. „Nützlich" heißt, bei uns wie im Griechischen, das, was man gut brauchen kann, und wenn es um das Ganze der staatlichen Gemeinschaft geht, ist es darum das, was *alle* darin gut brauchen können. Sie haben etwas davon, es lohnt, sich so zu verhalten. Unverständige verschließen sich dem lohnenden Nützlichen, aber wo Verstand und Vernunft herrschen, kann man es gut verstehen und vermitteln.

Wie sehr es darauf ankommt, das vernünftig Nützliche auf diese Art zu definieren, zeigen die nächsten Verse 9 bis 11 des Abschnitts. Ich zitiere das aus der Elberfelder Bibelübersetzung: „Törichte Streitfragen aber und Geschlechtsregister und Zänkereien und gesetzliche Streitigkeiten vermeide!" Sich über Geschlechtsregister zu ereifern war eine Spezialität in der Urchristenheit, aber „törichte Streitfragen, Zänkereien und gesetzliche Streitigkeiten" sind heute nicht weniger aktuell als damals. Vermeiden sollen wir sie, denn „sie sind unnütz und wertlos." Daraus folgt: „Einen sektiererischen Menschen weise nach einer ein- und zweimaligen Zurechtweisung ab, da du weißt, dass ein solcher verkehrt ist und sündigt und durch sich selbst verurteilt ist!"

Das Unnütze und Wertlose daran ist nicht nur, dass nichts Gutes dabei herauskommt, sondern auch und besonders die *Unwahrhaftigkeit*; dieser Aspekt steckt in dem griechischen Wort, das hier mit „wertlos" übersetzt ist: Das hat keinen Sinn - das stimmt ganz einfach nicht!

Luther übersetzt nicht „gesetzliche Streitigkeiten", sondern „Streit über das Gesetz", und in den früheren Lutherbibeln stand „Ketzer" statt „sektiererische Menschen". In der neuen Version ist von einem „Menschen, der die Gemeinde spalten will", die Rede.

„Ketzer, die mit Streit über das Gesetz die Gemeinde spalten". Man kann das so übersetzen, aber es ist einseitig und tendenziös. Viel Spaltungspotenzial lag zur Zeit der Urgemeinde in den Lehrmeinungen gesetzlicher Juden unter den Christen, die besonders Paulus sehr zusetzten. Gesetzlichkeit ist aber viel mehr als der Streit um die Gültigkeit der Thora, also der jüdischen Bibel. Gesetzlichkeit ist das Gegenteil der Freundlichkeit und Menschenliebe Gottes und darum das Gegenteil des Evangeliums. Außerdem ist es gut, dass der Begriff „Ketzer" aus der Lutherübersetzung verschwunden ist, weil er in der Kirchengeschichte genauso missbraucht wurde wie das einseitige und sehr überzogene Urteil, die Gesetzlichkeit und das jüdische Gesetz seien ein und dasselbe und mehr oder weniger alle frommen Juden seien gesetzliche Fanatiker, die von der Freundlichkeit und Menschenliebe Gottes keine Ahnung haben.

Genau gelesen steht hier statt „Ketzer" oder „Sektierer" „häretischer Mensch". „Häresie" kommt auch aus dem Griechischen und meint eigentlich „Grundsatz" und „Dogma". Häretiker sind nicht Personen, die aus gutem Grund zu ihren Grundsätzen stehen, sondern rechthaberische Menschen, die nichts gelten lassen als ihre eigenen Ansichten. Und genau das kennzeichnet auch die Gesetzlichkeit. Sie sind unverbesserlich. Es lässt sich nicht diskutieren mit ihnen, denn sie wissen immer alles besser. Darum erhält Titus den Rat, nicht allzu lang Geduld mit ihnen zu haben. Andernfalls werden sie die Wirkungen des erneuernden Geistes der christlichen Gemeinschaft blockieren und zerstören.

Hier im Titusbrief sind das noch Sektierer im gebräuchlichen Sinn: Sie repräsentieren nicht große Teile der Gemeinde. Noch nicht im Blick ist die Umkehr der Verhältnisse, wenn gesetzliche Häretiker in der Kirche die Macht übernehmen und Mitchristen, die sich von der erneuernden Freundlichkeit und Menschliebe des Heiligen Geistes motivieren lassen, zu Ketzern degradieren. Wir wissen, wie sehr diese Umkehr leider die Kirchengeschichte geprägt hat.

Viele Theologen glauben, dass der Titusbrief nicht von Paulus stammt, sondern später geschrieben wurde. Aber in den letzten Versen stehen ganz konkrete Pläne des Apostels, die entweder wirklich seine eigenen waren oder erfunden sind. Wenn sie erfunden sind, dann fällt das in die Kategorie der unwahrhaftigen religiösen Propaganda, und das wäre ein häretisches Merkmal. Weil es meines Wissens keinen zwingenden Grund gibt, einen anderen Autor anzunehmen, sollten wir besser gelten lassen, dass es Paulus selbst war. Wenn er es aber war, dann hat er den Brief wahrscheinlich um das Jahr 60 herum auf seiner langen Reise nach Rom geschrieben. Dort saß Kaiser Nero auf dem Thron, aber als Paulus in Rom ankam, lagen die Regierungsgeschäfte noch in der Hand von Seneca und Burrhus, den beiden hoch kompetenten Persönlichkeiten der römischen Republik, die wirklich bemüht waren, eine gerechte Staatsordnung zu verwirklichen und auf Nero einen guten Einfluss zu nehmen (vgl. S.38). Wenig später starb Burrhus und Seneca zog sich unter dem Druck des Wandels der politischen Verhältnisse zurück, die immer mehr von Unverstand, „Begierde und Gelüsten", „Bosheit und Neid" durchdrungen wurden. Nero setzte sich an die Spitze der destruktiven Bewegung und wurde zu dem grausamen sadistischen und egomanischen Diktator, der in die Geschichtsbücher eingegangen ist. Diese Entwicklung hat erschreckend viel Ähnlichkeit mit Vorgängen der aktuellen Weltpolitik: Die konstruktiven Kräfte mit ihrem vernünftigen Sinn für Menschlichkeit werden zugunsten maßloser und hoch unvernünftiger Prioritäten von Machtmenschen, die sich selbst vergöttern, zurückgedrängt. Der solidarische Widerstand dagegen fordert je länger mehr unser ungeteiltes Engagement.

Zu Beginn unseres Abschnitts mahnt Paulus wie auch im Römerbrief, dass die Christen „der Gewalt der Obrigkeit untertan und gehorsam" sein sollen (Tit 3,1; Rö 13). Das ist furchtbar missverstanden worden. Genau aus diesem Grund ist unser Wort „Gehorsam" so belastet. Nein, es geht nicht darum, widerstandslos zu funktionieren, egal, wie böse das ist, was ein Regime befiehlt, sondern es geht darum, diesen destruktiv unmenschlichen und unvernünftigen Mächten gegenüber entschlossen und mutig *konstruktiv* zu bleiben. Im Gegensatz zur exzessiven Verlogenheit: „Niemanden verleumden". Im Gegensatz zur unentwegten rechthaberischen Streitsucht: nicht in dieser Weise streiten, sondern fair argumentieren. Im Gegensatz zur seuchenhaften Verbreitung von Missgunst und Feindseligkeit: „Gütig sein, alle Sanftmut beweisen gegen alle Menschen."

Häretische Christen im beschriebenen Sinn haben seit jeher großes Interesse daran, ihre eigene Machtgier mit menschenverachtenden politischen Machtsystemen zu verbinden, um dabei selbst groß herauszukommen. Bei Nero war es noch anders. Da wurden die Christen zu Sündenböcken für das eigene Versagen. Heutige Neros gewinnen einen leider großen Teil ihrer Macht durch häretische, fanatische Christen, die sich eine gewaltige Steigerung ihrer eigenen Macht von ihnen versprechen. Das nützt beiden viel: Die Häretiker können ihre unfreundlichen Dogmen zum allgemeinen Gesetz machen und die Neros können mit ihrer Hilfe Wahlen gewinnen.

Der schreckliche Preis dafür ist der Schein eines Nutzens, den ein verständiger Geist nicht nachvollziehen kann, weil das der Vernunft nach nutzlos, wertlos und unwahrhaftig ist. Die Freundlichkeit und Menschenliebe Gottes wird durch extreme Unfreundlichkeiten ersetzt, eine wesentliche davon ist die Fremdenfeindlichkeit, aus der Menschenliebe wird Menschenverachtung und Hass. Genau das setzt sich durch, in breiter Front, und diese christlichen Kreise durchzieht, was Paulus hier mit den Stichworten andeutet: „Unverständig, ungehorsam, in die Irre gehend, versklavt unter ‚Begierden und Gelüste', in ‚Bosheit und Neid' lebend, hässlich und von Hass bestimmt." Das erklärt sich alles von selbst, es ist für Vernunft und Verstand unmittelbar einsichtig, jeder kann es leicht erkennen, wenn er will: So tut es nicht gut, so schadet es. Nur den Ungehorsam müssen wir interpretieren, so wie wir es gerade mit dem Gehorsam taten: Als das Gift der prinzipiellen negativen Voreingenommenheit gegen Regierung und Gesetze, das notorische Misstrauen und Ablehnen aller möglichen politischen Maßnahmen ohne vernünftige Alternativen und die egoistische Unterhöhlung der Ordnung durch Umgehen und Durchbrechen schützender und fördernder Gesetze.

Nein, auf keinen Fall lässt sich das mit christlichen Werten vereinbaren. Sondern, es ist gewisslich wahr, uns ist als Christen *dies* geboten: Dass wir „bedacht darauf sind, uns der guten Werke zu befleißigen", die so ganz anders sind als dieses finster weltliche und hinterwäldlerische Verhalten derer, die einfach nicht sehen wollen, welches Unrecht und welches Unglück daraus hervorgeht. „Bedacht sein": Wir dürfen genauso auch „sich kümmern und Sorge tragen" übersetzen. Paulus verwendet hier ein Wort, das sonst im Neuen Testament gar nicht vorkommt, wohl aber im Sprachgebrauch der damaligen Gesellschaft: Es hat den Bedeutungsschwerpunkt des *vernünftigen* Nachdenkens, aus dem Urteile und Entscheidungen hervorgehen, die von vernünftiger Klugheit geprägt sind.

Fragt euch ernsthaft, wonach die Freundlichkeit und Menschenliebe Gottes angesichts des Zustands der Gesellschaft verlangt. Das ist uns mit diesem Abschnitt des Titusbriefs ins Stammbuch geschrieben. Was nützt der staatlichen Ordnung wirklich, damit sie den Menschen gut tun kann? Was lässt sich, wenn man nur ein wenig nachdenkt, als das erkennen, was *allen* gut tut? Welches Verhalten darf man allen sehr empfehlen, damit die Menschen gut für sich selbst und füreinander sorgen und damit die Regierung das ihre dazu beitragen kann? Das Schlimme an den Häretikern ist, dass die vernünftigen Antworten auf diese vernünftigen Fragen gar nicht schwer zu finden sind, aber dass sie sich ihrer bornierten Rechthaberei wegen nicht dazu bekennen wollen. Jedes Kind kann verstehen, was Freundlichkeit und Menschenliebe ist. Ja, dafür müssen wir Zeugnis ablegen, wo immer es geht. Dem muss unsere ganze Sorge gelten.

12. Die Gemeinschaft des Sorgens

1. Korinther 12,20-31

20 Nun gibt es aber zwar viele Glieder, aber nur einen Leib.
21 Es kann aber das Auge nicht zur Hand sagen: Ich brauche dich
    nicht, und wiederum der Kopf nicht zu den Füßen: Ich brauche
    euch nicht,
22 sondern viel mehr sind die Glieder des Körpers vonnöten, wel-
    che schwächer erscheinend zur Verfügung stehen,
23 und den Gliedern des Körpers, die wir für weniger edel halten,
    erweisen wir Ehre, und unsere unanständigen Glieder erhalten
    um so größere Wohlanständigkeit,
24 aber unsere wohlanständigen Glieder brauchen das nicht. Gott,
    der den Leib zusammensetzt, gab dem Mangel Leidenden beson-
    dere Ehre,
25 damit keine Spaltung im Leib sei, sondern die Glieder jedes für
    alle sorgen.
26 Und wenn ein Glied leidet, leiden alle Glieder mit; wenn ein
    Glied verherrlicht wird, freuen sich alle Glieder mit.
27 Ihr aber seid Christi Leib und Glieder aus dem Teil.
28 Und diesen gab Gott in der Gemeinde erstens Apostel, zweitens
    Propheten, drittens Lehrer, dann Kraftwirkungen, dann Gnaden-
    gaben der Heilung, Hilfeleistungen, die Gattungen der Sprachen.
29 Sind etwa alle Apostel? Sind alle Propheten? Sind alle Lehrer?
    Sind alle Wundertäter?
30 Haben etwa alle Gnadengaben der Heilung? Reden alle in Spra-
    chen? Legen alle aus?
31 Strebt aber nach den besten Gnadengaben. Und ich zeige euch
    noch einen viel höheren Weg...

Wir können wahrscheinlich davon ausgehen, dass bereits die
Gemeinden des Urchristentums durchaus ähnlich wie heute verschiedene theologische Schwerpunkte vertraten. Das ist auch kein
Wunder, denn es handelte sich um kein diktatorisches Regime mit
einer zentralen Leitung, die alle von vornherein auf dieselben Dogmen festlegte. Als Paulus diesen ersten Brief an die Korinther
schrieb, gab es weder die Evangelien noch eine fertige Glaubens-
lehre, die den Gemeinden zur Verfügung stand. Die Evangelien ent-
standen erst aus der Einsicht, dass man auf die Dauer nicht alle
möglichen Lehrmeinungen zulassen konnte. Die Vielfalt der theolo-
gischen Ansichten begann bereits sehr früh schon auszuufern und
man musste etwas dagegen tun.

Heutige Charismatiker können für sich zu Recht in Anspruch nehmen, dass Paulus auch einer war. Das hat ihn schon mit der charismatischen Gemeinde in Korinth besonders verbunden. Aber die gemeinsame Art der Glaubenspraxis war auch Anlass der ziemlich heftigen Auseinandersetzung, die er mit der korinthischen Gemeindeleitung führte. Einerseits pflegten sie denselben Stil und teilten dieselbe Art von Glaubensüberzeugungen, andererseits drifteten die korinthischen Charismatiker dem Urteil des Apostels nach in eine Richtung ab, die er überhaupt nicht gutheißen konnte.

Das wohl am besten passende Bild für die Gemeinschaft der Christen ist Paulus zufolge der Leib. Er konnte sicher sein, dass dem auch die andern Apostel zustimmten, wie auch die Gemeinden, die es schon in den verschiedenen Kulturen des Mittelmeerraums gab. Das Bild vom Leib für menschliche Gemeinschaften war auch bei damaligen nichtchristlichen Denkern in Gebrauch; das verstanden viele Menschen im Römischen Reich, damit konnten sie etwas anfangen. Aber die Zusammensetzung des Leibs einer christlichen Gemeinde wie der von Korinth konnten nur bestimmte religiöse Kreise nachvollziehen, genau wie auch die Form des Gottesdienstes und die Gemeindeordnung dort.

Paulus schreibt den einzelnen Gliedern der Gemeinde die so genannten „Gnadengaben" oder „Charismen" zu. Dass die Gnade Gottes die einzelnen Gemeindeglieder unterschiedlich begabt, gilt für alle Gemeinden damals und heute, aber was das für Gaben sind, wurde wahrscheinlich schon in den ganz frühen Gemeinden nicht einheitlich bestimmt. Das deutet sich bereits in anderen Briefen von Paulus an. Den Römern schärft er genauso wie den Korinthern ein, dass die einzelnen Glieder des Gemeindeleibs ergänzend füreinander da sind. Aber seine Auflistung der Charismen dort sieht anders aus. Die einzige Nennung dort, die Charismatiker als etwas Typisches der eigenen Glaubenspraxis bezeichnen können, ist die Prophetie, es kommt allerdings auch darauf an, was man sich unter dieser Gabe vorstellt. Anscheinend hat die kürzere Liste im Römerbrief mit seinem Appell an die Korinther zu tun, „nach den besten Gnadengaben" zu streben, und die scheinbar typisch charismatischen wie zum Beispiel das so genannte Zungenreden gehören seinem Urteil nach offenbar nicht dazu. In Korinth mag man das praktizieren, anderswo muss es nicht unbedingt sein.

Paulus betrachtet die Gemeinschaft aller Gemeinden bildlich gesprochen als den Leib des Christus. Daran erinnert vor allem das Abendmahl. Er formuliert in diesem Brief an die Korinther erstmals schriftlich die Worte der Einsetzung des heiligen Abendmahls und nimmt dazu seine apostolische Vollmacht in Anspruch: Seither ist das Abendmahl fundamentaler Baustein der gemeinschaftlichen christlichen Glaubenspraxis. Das Abendmahl lehrt und erinnert:

Durch Jesus Christus sind wir als Christen miteinander so lebendig verbunden wie die Glieder des menschlichen Organismus durch den Blutkreislauf und die zentrale Steuerung des „Hauptes" - das ist er, Jesus. Dieser Gesamtorganismus, für den sich dann schon bald das Wort „Kirche" einbürgerte, gliedert sich in viele einzelne Gemeinschaften auf, die auch wieder so etwas wie einzelne „Leiber" sind. Das dienende Ergänzungsverhältnis der einzelnen Gemeinden und Teilkirchen zueinander und zur Gesamtkirche entspricht also dem Ergänzungsverhältnis innerhalb der Einzelgemeinden. Der erste Petrusbrief fasst es so zusammen: „Dient einander, ein jeder mit der Gabe, die er empfangen hat, als die guten Haushalter der mancherlei Gnade Gottes" (1Pt 4,10).

Die Gottesdienstordnung der Gemeinde in Korinth war im Wesentlichen einfach vom jüdischen Synagogengottesdienst übernommen worden. Dazu gehörte es, dass die Männer das Zentrum des Geschehens bildeten, auch räumlich, und die Frauen nur als stille Teilnehmer buchstäblich am Rand dabei sein durften, sonst aber zu schweigen hatten. In diesen Zusammenhang gehört die berühmte und folgenreiche Anweisung „Das Weib schweige". Das ist kein Gebot für die ganze Kirche zu allen Zeiten, sondern für diese bestimme Form des frühchristlichen Gottesdienstes und die entsprechende Gemeindeordnung.

Was bleibt nun aber als das Allgemeingültige in diesem Text für uns festzuhalten? Sehr viel, nämlich das Prinzip der christlichen Gemeinschaft des Sorgens, und das ist nun wirklich keine Angelegenheit, die man so oder so sehen kann, sondern wir finden es mit auffallender Übereinstimmung in allen möglichen Schriften des Neuen Testaments wieder. Ich fasse die Elemente des Prinzips, wie sie uns hier begegnen, zusammen:

1. Die Unterschiede zwischen den Mitgliedern der Gemeinde liegen nur in den Begabungen und den Funktionen, die der Organismus braucht, damit sie ihm so gut und nachhaltig wie nur möglich dienen. Sie liegen nicht im Wert. Es gibt keine minderwertigen Begabten und keine minderwertigen Begabungen in der Gemeinde. Daraus folgt:

2. Alle Mitglieder der Gemeinde werden gleichermaßen *gebraucht*. Dass es Mitglieder geben könnte, die mit ihren Begabungen nicht gebraucht werden oder auch nur nicht so sehr wie andere, ist ein Trugschluss. In Wirklichkeit entsteht dadurch ein Mangel. Der ganze Leib wird geschwächt, wenn es Teile in ihm gibt, die Mangel leiden.

3. Ein Trugbild ist auch die Vorrangigkeit von äußerlich besonders repräsentativ erscheinenden Gemeindegliedern, erst recht dann, wenn sie den Eindruck erwecken, einen großen Teil der Begabungen anderer zu ersetzen. Den Römern schärft

Paulus ein, sich genau bewusst zu machen, worin einerseits die Gaben der Einzelnen liegen, andererseits aber auch ihre Grenzen (Rö 12,3-8).

4. Wenn kein Glied am Leib Mangel leidet, dann leidet auch der Leib keinen Mangel. Darum muss das besondere Augenmerk denen gelten, die der äußeren Erscheinung nach unauffällig und nicht so wichtig sind, oder vielleicht auch unbequem. Gerade auf sie kommt es an.

5. Spaltungen unter den Christen entstehen dadurch, dass sich die Meinung durchsetzt, die Ergänzung durch andere Glieder am Leib nicht zu brauchen, weil man sie für minderwertig, unwichtig, überflüssig, hässlich und störend hält. Entweder werden sie dann an den Rand geschoben und letztlich ausgestoßen, oder Gruppen von Gliedern finden sich zusammen, um die bisher tonangebenden Glieder für unwichtig, unnötig und hinderlich zu erklären. Spaltungen entstehen also aus verfestigten Einseitigkeiten.

6. Das gesunde Gegenteil zu allen Spaltungstendenzen besteht nicht etwa im Einheitsbrei bequemer Gleichgültigkeit, sondern darin, dass „die Glieder jedes für alle sorgen".

7. Wichtiger Bestandteil einer gesunden Gemeindeentwicklung ist die Konzentration auf „die besten Gaben". Das sind die Gaben, die das Prinzip „Einer für alle und alle für einen" im jeweiligen Gemeindeorganismus am besten fördern. Das müssen nicht überall und zu jeder Zeit dieselben sein, es hängt davon ab, was die jeweilige Gemeinde braucht, damit das Sorgen füreinander wirklich gelingt.

Zuletzt lässt Paulus dann allerdings die ganze Gabendiskussion hinter sich und lädt uns ein, uns den „noch viel höheren Weg" zu betrachten. Es folgt das wohl schönste Kapitel im Neuen Testament, das so genannte Hohelied der Liebe. Dieser höhere Weg ist keine Alternative zum Prinzip des Sorgens füreinander in unserem Text, sondern Geist, Sinn, Beweggrund und Ziel des Prinzips: Alles darin ist von der Liebe inspiriert und alles dient der Liebe. Der lebensspendende Geist des Gemeindeorganismus ist der Geist der Liebe und der Geist der Liebe ist der Heilige Geist. Den können wir nicht machen, aber empfangen können und sollen wir ihn, so wie wir den Atem nur empfangen können, der uns das Leben gibt. Je mehr wir uns darauf einlassen und konzentrieren, den Geist der Liebe in uns aufzunehmen und ihn in uns wirken zu lassen, desto klarer wird der Blick dafür, wie das Sorgen füreinander konkret aussehen kann.

Warum erlebt man in der Kirche davon nur so wenig? Weil wir uns dem Organismus von Kirche und Gemeinde gegenüber so verhalten wie unserem eigenen Organismus gegenüber: Wir gehen über die Mangelerscheinungen hinweg, weil wir die Prioritäten falsch setzen. Wir leugnen, was uns nicht passt und ignorieren die Warnsignale. Wir sind zu bequem, um uns den Mängeln zu stellen und sie nachhaltig zu überwinden.

Das Grundmotiv im Hohenlied der Liebe ist ein harmonischer Dreiklang: Glaube, Liebe, Hoffnung. Wenn die Liebe sich verwirklicht unter uns Menschen, dann bahnt sie sich den Weg durch Glaube und Hoffnung. Glaube ist hier nicht das richtige Glaubensbekenntnis, sondern das Vertrauen. Warum tun so viele Menschen so erschreckend wenig für ihre körperliche, seelische und geistige Gesundheit? Weil sie nicht glauben, dass es so etwas überhaupt gibt, weil sie nicht vertrauen, dass es sich lohnt, dafür zu investieren, weil sie nicht vertrauen, dass sie Erfolg haben werden - weil sie keine hoffnungsvolle Erwartung haben. Weil es bequemer ist, sich hängen zu lassen, als aufzustehen und etwas zum Guten zu verändern. So wie die Leute mit sich selbst umgehen, so gehen sie auch miteinander um, und so wie Christen mit sich selbst umgehen, so auch miteinander. Es scheint ja doch keinen Zweck zu haben, also lässt man es laufen und sich selber lässt man gehen.

Ob wir von Herzen ehrlich an die Macht der Liebe glauben, davon hängt alles ab.

Ertrag

Aus den 12 Kapiteln der Untersuchung gehen 12 Aussagen hervor. Bis auf die zehnte zur allegorischen Bibelauslegung fassen sie zusammen, was die neutestamentlichen Texte, in denen die Worte „Sorge" und „Sorgen" stehen, aus sich selbst heraus sagen. Bei schriftlichen Texten dieser Art impliziert das immer, dass man dies und jenes auch anders verstehen kann. Seriöser Umgang mit den Text strebt aber nach möglichst hoher Konsensfähigkeit. Das heißt: Wenn Du selbst die Texte liest und ihrer Bedeutung auf den Grund gehst, werden sie Dir mit hoher Wahrscheinlichkeit etwas Ähnliches sagen wir mir.

Bei der zehnten Aussage ist das ein bisschen anders, weil sie ein Auslegungsprinzip angeht, das den Autoren des Neuen Testaments bereits vorlag, was dazu führte, dass im Neuen Testament Aussagen enthalten sind, die aus dieser Methode resultierten. Der Bezug zu Christian Care liegt in diesem Fall in der problematischen Auslegung dieser Texte und darin, dass seither die Bibelauslegung oft und folgenschwer die Allegorese benutzt hat, um die Texte, in denen explizit von Christian Care die Rede ist, zu relativieren oder gar zu verdrehen. Das ist also ein Punkt, der nicht unmittelbar aus dem Bibeltext selbst hervorgeht, aber als kontextuelle Schwierigkeit und als Folgeproblem benannt werden muss.

Eingangs behauptete ich, dass in dem Teilbild von Christian Care, das durch die 12 Kapitel entsteht, auch schon das Gesamtbild repräsentiert ist. Das ist eine Hypothese. Zweifellos steht noch viel mehr im Neuen Testament über Christian Care und in der ganzen Bibel erst recht, aber diese 12 Punkte bringen doch wohl schon das Wesentliche auf den Punkt. Darüber kann man diskutieren und das ist auch Sinn der Sache. Diese Arbeit ist ein Beitrag, der uns hoffentlich helfen kann, miteinander diskursiv mit der Theoriebildung von Christian Care voranzukommen. Zu diesem Zweck möchte ich nun auch noch die Hauptaussagen der 12 Kapitel abschließend kurz zusammenfassen.

1. **Grundprinzip von Christian Care nach dem Neuen Testament ist die Goldene Regel.**

Dem Neuen Testament nach ist unser größtes Problem nicht der böse Wille, sondern die Herrschaft der Sorge. Um für andere da zu sein, brauchen wir leere Hände. Aber die Angst davor, zu kurz zu kommen, treibt uns dazu, uns an das zu klammern, was wir als Besitz betrachten. Wir versprechen uns existenzielle Sicherheit davon und betrügen uns und die andern dadurch, indem wir uns abhängig machen und andern verschließen. Das Alternativprogramm dazu hat Jesus in der Bergpredigt mit der Goldenen Regel vorgegeben: „Was ihr wollt, dass euch die Menschen tun, das tut ihr ihnen!" Wenn wir also nicht zu kurz kommen wollen, müssen wir den andern genau das geben, was wir eigentlich von ihnen für uns selbst erwarten. Das geht nicht, wenn wir uns in unseren Komfortzonen einschließen.

2. **Um nach der Goldenen Regel Christian Care zu leben, müssen wir zur Besinnung kommen.**

Um freiwillig loslassen zu können, was wir unsinnigerweise festhalten, müssen wir zur Besinnung kommen, um genau hinzuhören, was tatsächlich Wert hat im Leben und was nur so aussieht. Jedem Menschen sagt die Stimme seines Gewissens: Komm zu dir, komm zur Besinnung, übe dich darin, das Wesentliche vom Unwesentlichen zu unterscheiden, werde frei von den Abhängigkeiten, an die du dich selbst versklavst. Aber Besinnung ist das Gegenteil von dem, wozu uns alle Welt drängt und reizt. Der Sorgengeist, der in ihr herrscht, drängt und reizt uns, der Pflege und Vermehrung des Besitzes Vorrang zu geben und ja nichts zu versäumen, was dem dient und was wir zu brauchen meinen, um uns Tag für das Glück zu sichern. Wenn darum auch viel von Besinnung geredet wird, bleibt sie meist doch nur halbherzig; allzu bald bilden wir uns ein, Wichtigeres zu tun zu haben. Mit der Besinnung verlieren wir aber auch den Sinn und das ist sinnlos. Nun dreht sich der Teufelskreis und wird zur mörderischen Spirale: Weil wir die Sinnlosigkeit nicht ertragen können, füllen wir Zeit, Geist und Körper an mit den vielen Unsinnigkeiten, die uns beschlagnahmen und das Leben schwer machen.

3. **Aus dem Sorgengeist, der uns daran hindert, zur Besinnung zu kommen, entsteht als Gegenteil von Care die Habsucht.**

Der Sorgengeist ist ein Diktator, der uns aufzwingt, uns dem höchsten Ziel zu verschreiben, auf keinen Fall zu kurz zu kommen. Wie kleine Kinder, die mit großen Geschrei das Spielzeug umklammern, das sie sich ergattert haben, meinen wir alles daran setzen müssen, festzuhalten, was wir als unseren Besitz betrachten. Diese Priorität heißt Habgier und darum ist Habgier die Ausgeburt des Sorgengeists. Der Sorgengeist macht selbstsüchtig und durch das Virus der Selbstsucht wird der gesellschaftliche Zusammenhalt zerstört. Wenn die Habgier dominiert, wird auch die Gerechtigkeit pervertiert. Es wird das Mittel zum Zweck selbstsüchtiger Bereicherung daraus. Wenn eine Gesellschaft das zum Leitbild erhebt, zerstört sie Recht, Freiheit und Moral, erzeugt unendlich großes

Leid dadurch und zerstört sich über kurz oder lang auch selbst, weil sie immer mehr Menschen das vorenthält, was sie zum Leben brauchen. „Die Habsucht ist ein pandemisches Virus, das mit aller Entschiedenheit bekämpft werden muss" (S. 22).

4. **Aus der Besinnung wird Achtsamkeit und aus der Achtsamkeit Gelassenheit als Voraussetzung von Konstruktivität.**

Die Bekämpfung des Ungeists der Sorge mit seinen Ausgeburten gelingt nur den Besonnenen. Wer zu sich kommt und bei sich bleibt, wird achtsam. Ehrliches Loslassen geht nicht ohne Achtsamkeit. Unachtsames Loslassen ist unbedachte Leichtfertigkeit, aber aus achtsamem Loslassen wird Gelassenheit. Das ist die Basis, die wir brauchen, um dem Sorgengeist aus der Ruhe heraus zu widerstehen. Es ist tatsächlich so: In der Ruhe liegt die Kraft. In diesem Sinn ist Achtsamkeit Wachsamkeit: Wir antworten auf Destruktives nicht mit Destruktivem, sondern machen uns Gedanken, was es jetzt heißt, jetzt konstruktiv zu sein. Wir lassen uns nicht unbedacht treiben und reizen, sondern halten inne und fragen uns, ob es gut tut oder betrügt. Wir hüten uns vor dem Mehltau perfider Propaganda und bemühen uns darum, behutsam (care-ful) das Wahrhaftige und Glaubwürdige mit guten Gründen von Irrsinn und Lüge zu trennen. Wir sind sehr darauf bedacht, das Dankenswerte nicht zu übersehen und ihm die Wertschätzung zu geben, die es verdient. Vor allem gehen wir sehr vorsichtig mit unseren Gefühlen um, wenn wir verletzt und gekränkt sind, um nicht ungerecht zu werden und selbst mit Verletzendem und Kränkendem zu antworten.

5. **Die konstruktive Haltung bewährt sich nur, wenn wir uns aus der sorgenvolle Priorität des Absicherns lösen.**

Vernünftige Vorsorge ist nicht das Problem, aber unvernünftiges sorgenvolles Absichern. Unvernünftig ist es, aus Angst vor Misserfolg, Enttäuschung und Verletzung Schritte des Sorgens für andere und für uns selbst zu unterlassen, die eigentlich geboten sind. Der Sorgengeist beschlagnahmt uns und darum unternehmen wir nichts. Er hält uns davon ab, die Komfortzone zu verlassen. Das lebendige Miteinander und Füreinander der Menschen lebt aber davon, dass es beherzt gewagt wird. Sich um andere ungezwungen und mit Freude zu kümmern setzt den Mut voraus, unbekümmert ihnen das zu geben, was wir uns selbst von ihnen wünschen. Der Sorgengeist verlangt immer erst Garantien dafür, dass es sich für uns selber lohnen wird. Um uns davon nicht beherrschen zu lassen, kommt es sehr darauf an, dass wir auf die eigenen Enttäuschungen und Verletzungen nicht reagieren, indem wir versuchen, uns einen Panzer zulegen, der uns vor weiteren Erfahrungen dieser Art schützen soll. Dann wird zwischen uns und den Mitmenschen keine freundlich warmherzige Resonanz mehr entstehen können, weil wir uns verhärtet haben. Verhärtete Menschen haben auch ein verhärtetes Gottesbild. Umgekehrt können wir aus dem Festhalten an der ungeteilten Liebe Gottes zu uns persönlich auch den Mut schöpfen, uns der Verbitterung nicht zu überlassen, sondern trotzdem freundlich und vertrauensvoll mit uns selbst und den Mitmenschen umzugehen.

6. Gegenteil des missmutigen Sorgengeists ist die Freude des Sorgens für andere als Folge mutiger Öffnung.

Der Sorgengeist raubt die echte Lebensfreude und produziert als Ersatz trügerisches, oberflächliches Vergnügen. Sorgenfreiheit durch innere Unabhängigkeit schafft Raum für die Freude, und sie ist das einzige nachhaltige und authentische Motiv des Sorgens füreinander. Empfangen wird die Freude als Resonanz der Dankbarkeit, weil wir achtsam wahrnehmen, was trotz aller berechtigten Sorgen des Dankens und der Freude wert ist. Voraussetzung dafür, allen Widerständen und Widersprüchen zum Trotz von Dankbarkeit und Freude bestimmt zu leben, ist ein Grundvertrauen, das uns Geborgenheit schenkt. Sorgen für andere im Sinn des Neuen Testaments lebt also immer auch vom selbst erfahrenen Sorgen anderer für uns; das ist die Quelle, aus der wir schöpfen. In diesem Wechselverhältnis von Geben und Nehmen sind gönnerhafte Helferpositionen von oben herab unangemessen. Die Gelassenheit im Geborgenheitsraum der Freude erlaubt es uns, weitherziger zu werden, lernbereit und tolerant, anderen gern Vortritt und Vorrang zu geben und uns auch an ihrem Glück zu freuen, statt sie zu beneiden. In dieser Haltung erleben wir zunehmend, dass wir mehr empfangen als wir geben. Unser Dienst ist keine Herablassung, sondern es ist uns eine Freude und Ehre, den andern Menschen dienen zu dürfen, denn wer sich von uns dienen lässt, schenkt uns Vertrauen.

7. Die Freude des Sorgens wird schwer, wenn nicht auch gut für die Sorgenden gesorgt wird.

Es ist schön, wenn man für andere sorgen kann, ohne sich selbst um sein Einkommen sorgen zu müssen, aber das wird schwer, wenn man selbst Mangel leidet. Die Versuchung der Armen ist ähnlich wie die Versuchung der Reichen, nur ungleich herausfordernder: Das wenige Hab und Gut für sich zu behalten, geizig zu sein, nicht zu teilen und seine Talente zu vergraben, weil es sich ja doch nicht lohnt, sie in den Dienst zu stellen. Ein wesentlicher Gesichtspunkt verantwortlichen Sorgens für andere ist es, dass die Sorgenden selbst in ökonomischer Hinsicht selbst gut versorgt sind. Darum sollen sie sich auch nicht ausnutzen und abspeisen lassen. Die Wärme des sozialen Klimas hängt nicht zuletzt auch davon ab, dass die sozial Engagierten glaubwürdige Wertschätzung erfahren. Es muss dafür gesorgt sein, dass der Dienst ihnen Freude macht. Sonst brennen sie aus und das Caring verkommt zu einer Fürsorge, die aus Menschen Sachen macht. Dass heute aus großen Teilen der Fürsorge ein Business geworden ist, liegt einerseits daran, andererseits aber auch an der Habgier derer, die wissen, wie man mit den Schwächen und Mängeln anderer viel Geld verdienen kann.

8. **Christian Care ist das für alle förderliche Geben und Nehmen im Organismus einer von Liebe bestimmten Gemeinschaft.**

Quelle der Freude des Sorgens ist die Liebe. Mit dem neutestamentlichen Bild des Leibs für die Gemeinschaft konkretisiert sich die Gestalt der Liebe: Der Organismus ist gesund, wenn die Organisation der Teile des Leibs synergetisch in Ausrichtung auf das Wohlergehen des Gesamtleibs erfolgt. Geht es dem Leib gut, so geht es auch seinen Gliedern gut, vice versa. Die Liebe ist der Geist gesunder menschlicher Gemeinschaft. Dieser Geist bewirkt das von Freude und Dankbarkeit bestimmte Füreinander des Sorgens. Sein Prinzip ist integrativ und inklusiv. Abgrenzung und Widerstand finden unter der Herrschaft dieses Geistes nur gegen Einflüsse statt, die das fürsorgliche Interagieren des Leibs zerstören. Die Liebe ist *Störungen* gegenüber sehr tolerant, sie verordnet kein Harmoniediktat. Störungen sind notwendige Elemente jedes gesunden Wachstums. Aber die Liebe ist gegen *Zerstörungen* radikal intolerant. Zerstörerisch ist jede Form von uneinsichtiger, beharrlicher Lieblosigkeit, und jede Variante dieser zersetzenden Lieblosigkeit ist eine Form von Selbstsucht.

9. **Das ergänzende Füreinander gelebter Christian Care ist von Aufgeschlossenheit für kreative Innovation geprägt.**

So wie das Prinzip der Liebe die in aller Welt üblichen Verhältnisse umkehrt und die Letzten zu Ersten macht, also den Außenseitern und den Ausgeschlossenen mehr Aufmerksamkeit widmet als allen andern, und alles daran setzt, sie in die Mitte der Gemeinschaft einzuladen, nicht gönnerhaft, sondern als zentral wichtige Glieder der Gemeinschaft als Organismus, so gesteht das Neue Testament diesen Personen auch ihre individuellen Verhaltensweisen zu, die sie um der Liebe willen wählen, und es stört die Liebe nicht, wenn das als fremd und störend empfunden wird, weil es nicht der Konvention entspricht. Gerade in solchen mutigen Schritten, die nicht aus Angst vor Ablehnung unterlassen werden, kann die Keimkraft der notwendigen Erneuerung der Gemeinschaft liegen, die sie braucht, um zu wachsen. Das schließt Diversität ein, betrifft aber vor allem die Kreativität. Die Umsetzung von kreativen Ideen und Initiativen des Sorgens scheitert wahrscheinlich sehr häufig daran, dass sie nicht in die vorhandenen und „bewährten" Konzepte passen, die womöglich längst zu erneuerungsbedürftigen Automatismen geworden sind. Das Diktat des Sorgengeistes verschließt sich der Stimme des Herzens.

10. **Allegorisch vergeistlichende Bibelauslegung kann die Kraft von Christian Care schwächen.**

Obwohl es paradox ist, müssen wir feststellen: Die überaus hohe Bedeutung des Sorgens füreinander in der Bibel wird durch eine Art der Bibelauslegung relativiert, die sogar schon in den Schriften des Neuen Testaments selbst eine herausfordernde Spannung erzeugt. Es handelt sich um die Auslegungstradition der Allegorese: Texte werden so gelesen, als liege ihre wahre Bedeutung nicht in dem, was jeder versteht, der sie so nimmt, wie sie sind: Sie meinen also gar nicht, was sie sagen. Das ermöglicht den Auslegern, sich der Unmittelbarkeit ihres sozialen Anspruchs zu entziehen. Oft läuft es darauf hinaus, dogmatische und ethische Vorentscheidungen zu sanktionieren, bei denen es zumindest zweifelhaft ist, ob sie mit der Goldenen Regel als dem jüdisch-christlichen Grundverständnis des Liebesgebots übereinstimmen. Statt sich dem Wortlaut der Texte zu stellen, vergeistlicht man sie. Man bildet sich ein, dass sie erst dadurch wahre Tiefe gewinnen, aber sehr oft werden klischeehafte oberfächliche Parolen daraus. Das ist ein wesentlicher Grund dafür, dass angeblich entschieden christliches Verhalten der Verwirklichung des Prinzips einer Gemeinschaft echten Füreinanders machtvoll im Weg stehen kann.

11. **Christian Care positioniert sich konstruktiv ohne elitäre Abgrenzung als dienende gesellschaftliche Kraft.**

Der Sorgengeist drängt zu aggressiven und letztlich destruktiven Verhaltensweisen. Das ist unvereinbar mit der gelassenen Freiheit und Freiwilligkeit da, wo die gelassene Sorglosigkeit des Vertrauens regiert. Dort ist die Atmosphäre friedlich, kooperativ und konstruktiv. Insbesondere betrifft das die Einstellung zu den gesellschaftlichen Organisationsformen. Das Verhältnis zu ihnen ist von Solidarität und Verantwortungsbereitschaft geprägt, im bescheidenen Bewusstsein der eigenen Begrenzung und Ergänzungsbedürftigkeit. Das beinhaltet beides: Lernbereitschaft und Mut zu kompetenter konstruktiver Kritik. Kernthema der Kritik ist die Menschlichkeit und Zielpunkt ist das Wohlergehen aller im gesellschaftlichen Organismus. Das impliziert entschiedenen Widerstand gegen Personen und Systeme, die das Unmenschliche zum Leitprinzip erheben.

12. **Christian Care ist gelebte Dienstgemeinschaft, in der alle gebraucht werden und gleich viel wert sind.**

Das paulinische Verständnis vom Organismus der Gemeinschaft des Sorgens füreinander hebt den Gesichtspunkt der Ergänzung hervor. Die Hierarchisierung des Verhältnisses der Mitglieder des Leibs zueinander ist nur funktional im Sinn der Dienlichkeit bestimmt, nicht aber wertend. Mitglieder, deren Funktion weniger Ansehen hat, haben ein Recht auf besondere Wertschätzung. Ein abstraktes Dazugehören ohne konkretes Dienstverhältnis im Zusammenwirken des Organismus gibt es nicht. Alle werden gebraucht. Dieses Leitmotiv von Christian Care nach dem Neuen Testament meint nicht nur die vollständige Integration aller Individuen, sofern sie Gemeinschaft nicht mutwillig zerstören oder unter ihre Gewalt bringen, sondern auch das Verhältnis der Erscheinungsformen christlicher Gemeinschaft zueinander. So wie die Individuen in den Gemeinschaften nicht dazu da sind, gegeneinander zu konkurrieren und sich in exklusiven Verbindungen zusammenzufinden, so auch die Gemeinschaften und Institutionen selbst. Ihr Sinn erfüllt sich darin, einander zu dienen, jede und jeder „mit der Gabe, die er empfangen hat, als die guten Haushalter der mancherlei Gnade Gottes" (1Pt 4,10). So entspricht es dem Geist der Liebe.

Ob wir von Herzen ehrlich an die Macht der Liebe glauben,
davon hängt alles ab.

Zeitschriften zum Thema Christian Care

ChrisCare

ChrisCare ist ein konfessionsverbin-
dendes Magazin für alle Berufe des
Gesundheitswesens. Die Zeitschrift
will Mitarbeitende im Gesundheitswesen ermutigen, ihre Berufung neu
zu entdecken und zu entfalten. Sie
trägt dazu bei, die Bedeutung des
christlichen Glaubens für Medizin,
Pflege und Therapie zu erkennen
und in die fachliche Diskussion ein-
zubringen.

Herausgeber:
Christen im Gesundheitswesen e.V.

Christen im
Gesundheitswesen

www.chriscare.info

Spiritualität und Gesundheit

Die Zeitschrift „Spiritualität und Gesundheit" veröffentlicht qualifizier-
te Beiträge aus dem interdisziplinä-
ren Forschungs- und Praxisfeld von
Spiritual Care zu aktuellen Themen.
Mit diesem Medium sind Sie immer
über den neuesten Stand der boo-
menden wissenschaftlichen Entwicklung in diesem Bereich infor-
miert.

Herausgeber:
Stiftung GRS für Gesundheit,
Religiosität und Spiritualität

Stiftung GRS
Gesundheit Religiosität Spiritualität

www.fisg.ch
www.spiritualitaet-und-gesundheit.de

 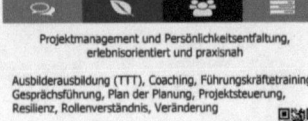